WANSHANZHENCHAXUNWEN
ZHI DU YAN JIU

完善侦查讯问制度研究

■ 郑 博 著

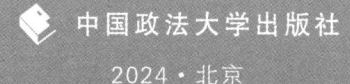

中国政法大学出版社
2024·北京

声　明　　1. 版权所有，侵权必究。

　　　　　2. 如有缺页、倒装问题，由出版社负责退换。

图书在版编目（ＣＩＰ）数据

完善侦查讯问制度研究 / 郑博著. -- 北京：中国政法大学出版社，2024.5. -- ISBN 978-7-5764-1529-2

Ⅰ. D918.5

中国国家版本馆 CIP 数据核字第 2024HN0043 号

出 版 者	中国政法大学出版社
地　　址	北京市海淀区西土城路 25 号
邮寄地址	北京 100088 信箱 8034 分箱　邮编 100088
网　　址	http://www.cuplpress.com（网络实名：中国政法大学出版社）
电　　话	010-58908586（编辑部）58908334（邮购部）
编辑邮箱	zhengfadch@126.com
承　　印	固安华明印业有限公司
开　　本	880mm×1230mm　1/32
印　　张	6.125
字　　数	180 千字
版　　次	2024 年 5 月第 1 版
印　　次	2024 年 5 月第 1 次印刷
定　　价	49.00 元

目 录

第一章 完善侦查讯问制度的时代背景及目标 ⋯ / 001
　一、完善侦查讯问制度的时代背景 ⋯⋯⋯⋯⋯⋯ / 002
　二、完善侦查讯问制度的目标 ⋯⋯⋯⋯⋯⋯⋯⋯ / 013

第二章 现行侦查讯问制度逻辑与体系 ⋯⋯⋯⋯ / 023
　一、侦查讯问制度发展脉络 ⋯⋯⋯⋯⋯⋯⋯⋯⋯ / 023
　二、现行侦查讯问制度体系 ⋯⋯⋯⋯⋯⋯⋯⋯⋯ / 034

第三章 现行侦查讯问制度理论与实践问题 ⋯⋯ / 083
　一、侦羁分离原则 ⋯⋯⋯⋯⋯⋯⋯⋯⋯⋯⋯⋯⋯ / 084
　二、适度公开原则 ⋯⋯⋯⋯⋯⋯⋯⋯⋯⋯⋯⋯⋯ / 091
　三、供述自愿性保障 ⋯⋯⋯⋯⋯⋯⋯⋯⋯⋯⋯⋯ / 098
　四、强化非法证据排除 ⋯⋯⋯⋯⋯⋯⋯⋯⋯⋯⋯ / 106
　五、远程侦查讯问 ⋯⋯⋯⋯⋯⋯⋯⋯⋯⋯⋯⋯⋯ / 121

第四章　侦查讯问程序法治化发展 ⋯⋯⋯⋯⋯ / 129
一、易混淆的相关概念 ⋯⋯⋯⋯⋯⋯⋯⋯ / 130
二、侦查讯问程序法治化的路径选择 ⋯⋯⋯⋯ / 141
三、实现侦查讯问程序法治化的具体举措 ⋯⋯⋯ / 152

第一章 完善侦查讯问制度的时代背景及目标

侦查是刑事诉讼的重要环节,讯问是侦查的主要手段,其目的是获取犯罪嫌疑人供述。侦查讯问制度是规定侦查阶段讯问犯罪嫌疑人活动的法律制度,是对侦查讯问活动的主体、对象、程序、内容进行规范的制度性规定。在侦查阶段,由于讯问环境相对封闭,导致实践中往往存在非法讯问等损害犯罪嫌疑人合法权益的情况,甚至有时会酿成冤假错案,也会对被追诉人、司法权威乃至整个社会造成严重负面影响。

党的十八大以来,在习近平法治思想的指引下,我国侦查讯问制度更加科学化、规范化,侦查讯问实践积累了丰富的成功经验,侦查办案人员的执法水平显著提高。党的二十大报告明确要求,"全面推进国家各方面工作法治化""在法治轨道上全面建设社会主义现代化国家",这对我国侦查讯问制度的法治化、现代化提出了新的时代要求。完善侦查讯问制度是坚持全面依法治国，推进法治中国建设的具体体现。在刑事司法领域，完善侦查讯问制度是加强对侦查讯问活动的有效监督、依法保护犯罪嫌疑人合法权益的重要途径。

一、完善侦查讯问制度的时代背景

侦查讯问在整个侦查阶段乃至全部刑事诉讼活动中都占据十分重要而特殊的地位，完善侦查讯问制度是法治文明的必然要求，也是加强对侦查讯问的有效监督、依法保护犯罪嫌疑人合法权益的重要途径。对侦查讯问工作的认识和考察必须在一定历史背景下进行。以习近平同志为核心的党中央从推进国家治理体系和治理能力现代化的高度，作出全面依法治国的重大战略部署，将尊重和保障人权置于新时代治国理政更加突出的位置，开启了中国人权法治化建设的新时代，擘画了新时代我国人权法治保障的蓝图，为侦查讯问制度的完善指明了方向。

（一）加强人权法治保障

当今世界，促进人权事业的发展已成为人类社会的共识，对人的尊重和保护被提升到前所未有的高度。尊重和

第一章　完善侦查讯问制度的时代背景及目标

保障人权既是我国《宪法》[1]确立的一项基本原则，也是国家和社会的基本责任。党的十八大以来，以习近平同志为核心的党中央从推进国家治理体系和治理能力现代化的高度，作出了全面依法治国的重大战略部署，将尊重和保障人权置于社会主义法治国家建设更加突出的位置，开启了中国人权法治化建设的新时代，人权法治化保障不断迈上新台阶。在习近平新时代中国特色社会主义思想科学指引下，我们党坚持把尊重和保障人权作为治国理政的一项重要工作，深化法治领域改革，健全人权法治保障机制，保障公民各方面权利得到落实，新时代人权法治保障取得了历史性成就、发生了历史性变革。

尊重和保障人权，必须依靠制度、依靠法治。全面依法治国，根本目的是依法保障人民权益。习近平总书记强调，"法治是人权最有效的保障"[2]。依靠法治保障人权已经成为当代中国人权事业发展与法治建设的基本共识。习近平总书记指出："我们坚持法律面前人人平等，把尊重和保障人权贯穿立法、执法、司法、守法各个环节，加快完善权利公平、机会公平、规则公平的法律制度，保障公民人身权、财产权、人格权，保障公民参与民主选举、民

---

[1]《宪法》，即《中华人民共和国宪法》。为表述方便，本书中涉及我国法律文件直接使用简称，省去"中华人民共和国"字样，全书统一，后不赘述。

[2] 习近平：《坚定不移走中国人权发展道路　更好推动我国人权事业发展》，载《求是》2022年第12期。

主协商、民主决策、民主管理、民主监督等基本政治权利,保障公民经济、文化、社会、环境等各方面权利,不断提升人权法治化保障水平。"[1]党的二十大报告提出,坚持走中国人权发展道路,积极参与全球人权治理,推动人权事业全面发展。要加强人权法治保障,深化法治领域改革,健全人权法治保障机制。加强人权法治保障,要将尊重和保障人权理念融入全面依法治国的总体目标、工作布局之中,落实到科学立法、严格执法、公正司法、全民守法、法治教育等各环节,体现在法律规范体系、法治实施体系、法治监督体系、法治保障体系和党内法规体系的各方面,保障和促进社会公平正义,维护和实现公民合法权益。

人权保障理念来源于人本法律观。人本法律观是指,人是法律之本,是任何法律存在的前提和目的,强调以人为本,要求尊重人、关心人和爱护人,特别是重视人的生命价值,与中国传统文化的"仁者爱人"有相通之处。这是现代人权法治观的文化基础。人本法律观符合马克思主义人权观的基本精神,以人作为法律之本为基本立论。[2]中国现代法治进步的重要标志之一就在于人本法律观的确立。我国社会主义制度的本质决定了司法的人民性和人本

---

[1] 习近平:《坚定不移走中国人权发展道路 更好推动我国人权事业发展》,载《求是》2022年第12期。
[2] 蒋银华、张晓明:《人本法律观与中国法律的发展——评李龙教授的新著〈人本法律观研究〉》,载《政治与法律》2006年第4期。

性特质，要求以民为本，将人民的利益放在首位，司法必须维护人民的利益、保护人民的权利。在司法程序中尊重个人的自由、权利和尊严，尤其对于权利状态相对不稳定的犯罪嫌疑人、被告人，应注重给予其人道待遇。

人类社会的法律观念不是从来就有的，而是经历了一个历史发展的过程，由起初对神权的高度信奉逐渐发展到对人本法治的共同追求。具体而言，其发展过程可以表述为以下四种形态：①对神权的依赖，以神的旨意作为指导社会行为的规范，即使其根本目的表现为维护统治秩序，但其手段具有神本法律观倾向。②以社会资本为主要保护对象，产生于资本主义阶段，目的在于维护资本主义财产权，该时期的法律观念以物本为表现，即物本法律观。③以社会整体为主要维护对象，强调社会整体的纽带关系，相对忽视个人在社会发展中的独立地位，该时期的法律观为社本法律观。④以社会个体的权益保护为出发点，强调人的发展，注重以法律规范维护人的主体地位，即当代社会的人本法律观。马克思说过，"权利永远不能超出社会的经济结构以及由经济结构所制约的社会的文化发展"。人权是一个随着人类社会进步而不断发展变化的历史性范畴，也是人权的普遍性原则与各国特殊国情相结合的产物。人权的实现需要一定的物质条件和经济基础作为保障。习近平总书记指出："人权是历史的、具体的、现实的，不能脱离不同国家的社会政治条件和历史文化传统空谈人权。"[1]每一种法治形态背后都有一套政治理论，每一种法治模式当中都有一种政治逻辑，每一条法治道路下都有一种政治立场。始终站在人民大众的立场上是马克思主义的基本立场，全心全意为人民服务是我们党作为马克思主义政党的根本宗旨。坚持以人民为中心，充分诠释了中国特色社会主义法治的本质要求及其区别于西方资本主义国家法治的根本所在。坚持以人民为中心就是要把保障人民权益贯穿在法治建设全过程各方面。

惩罚犯罪与保障人权是在刑事诉讼中坚持以人民为中心的具体体现，是我国刑事诉讼活动追求的目标，这种双重目的体现在我国刑事诉讼活动的各个诉讼阶段。从立案程序直至执行阶段，最容易对被追诉人合法权益造成直接损害的是侦查程序。而在侦查阶段，讯问往往处于核心地位，对侦查活动的进程、侦查措施的运用有重要影响。长期以来，侦查程序中人权保障问题的社会关注度较高，尤其体现在讯问环节。受传统以侦查为中心的刑事诉讼理念影响，犯罪嫌疑人诉讼权利易受到不当干预。新时代，法治中国建设迈出了坚实步伐，全面依法治国总体格局基本形成，法治固根本、稳预期、利长远的保障作用进一步发

---

[1] 习近平：《坚定不移走中国人权发展道路　更好推动我国人权事业发展》，载《求是》2022年第12期。

第一章 完善侦查讯问制度的时代背景及目标

挥,对侦查讯问程序中的人权保障提出了更高的要求。

(二) 深化以审判为中心的诉讼制度改革

"以审判为中心"是针对我国以前"以侦查为中心"倾向的刑事诉讼现实提出的极具时代意义的理论命题。"以审判为中心"亦称"审判中心主义",是现代法治国家共同遵守的诉讼法则,强调被告人的刑事责任及关涉其人身自由的强制性措施的重大决定应经由审判做出,且必须依照法定的程序和方式。

"以审判为中心"具有丰富的理论内涵。从内涵上讲,以审判为中心的纵向构造要求审判在公诉案件刑事诉讼程序中居于中心地位,只有经过审判才能对被告人定罪量刑,在实现刑事诉讼惩罚犯罪的任务方面,审判具有定局性的作用,而侦查、起诉和执行都是围绕审判这个中心展开的;以审判为中心的横向构造则要求将庭审真正作为审判的决定性环节,促进庭审实质化而不能仅仅流于形式,公、检、法三机关在工作中应统一以审判的标准推进案件的办理。以审判为中心的前提,是我国《宪法》规定的公、检、法三机关之间相互配合、互相制约的关系,二者并不冲突。实际上,我国《宪法》以及《刑事诉讼法》并没有明确关于公、检、法三机关在不同诉讼环节中以哪一方为中心的表述,只是实践中由于传统刑事诉讼观念的影响,形成了以侦查为中心的现象。以审判为中心是针对刑事司法实践中存在的侦查中心主义倾向提出的,以审判为中心不仅是刑事司法规律的体现,也是对公、检、法三机关的"分工负责、互相配合、互相制约"关系存在问题与不足的弥补和完善。"以审判为中心"并不等同于"以庭审为中心","以审判为中心"是相对于侦查、起诉与审判三者关系而言的,在三者关系中,审判是中心,庭审则是实现审判中心的关键环节。[1]

党的十八届四中全会通过的《关于全面推进依法治国若干重大问题的决定》提出要推进"以审判为中心"的诉讼制度改革,针对以往刑事诉讼实践中"以侦查为中心"的问题,确立了"以审判为中心"的诉讼格局。近些年暴露出的一系列冤假错案,无一不是与侦查环节收集证据出现问题但在起诉和审判环节未予排除有关。应加强审判对侦查活动的监督制约,从源头上防止侦查机关采取违法手段收集证据,保障犯罪嫌疑人合法权益。以审判为中心的诉讼制度改革有利于优化司法职权配置,实现司法公正目标以及提升司法公信力,强调在刑事诉讼活动中的司法终局性,有利于实现控审分离以及控辩双方的平等对抗,其目的是实现程序正义进而达到刑事诉讼人权保障的根本要求。以审判

---

〔1〕 陈卫东:《"以审判为中心"的解读与实现》,载《法制日报》2016年8月24日。

第一章 完善侦查讯问制度的时代背景及目标

为中心的诉讼制度改革只有进行时、没有完成时，现阶段，应继续深化推进。

推进以审判为中心的诉讼制度改革，是党中央在坚持全面依法治国，推进法治中国建设背景下作出的重大改革部署，是坚持严格司法、确保司法公正、提高司法公信力的现实需要，势在必行，具有重要的时代意义。首先，以审判为中心是保障人权的根本需要。刑事诉讼法作为"小宪法"承载了《宪法》规定的"国家尊重与保障人权"的重要使命，刑事诉讼的结构完善与制度安排也必须贯穿人权保障这一主线。审判的中立性要求以人权保障为出发点，对侦查、起诉活动进行司法审查，使被告人获得公正审判的机会。审判的公开性及多方参与性也使得刑事诉讼法规定的各项原则制度及被告人的各项权利在审判这一阶段得以最充分的实现，使得程序正义有得以实现的程序空间。其次，以审判为中心是回归司法规律、实现司法公正的必然要求。对案件事实及证据的认定应以审判为中心，以第一审程序为中心、以庭审活动为中心。即在中立法官的主持下，通过控辩双方的举证、质证及辩论，法官亲自聆听控辩双方的意见，在证人、鉴定人出庭的情况下，审查证人证言、鉴定意见的真实可靠性，当庭形成对案件事实的认定并在此基础上作出裁判，这种亲历性审判回归了司法的基本要求，最大程度保障了案件事实和证据的可靠性，防止冤假错案的发生，有助于司法公正的实现。最后，以审判为中心要求还权于法官，与司法体制改革的目标相契合。以审判为中心就是要让裁判者从法院内部纷繁复杂的行政化管理体制中解放出来，让其专心于审判，还权于法官，对于提升法官的素质和能力，培养其依法裁判、勇于担当的司法品格极为重要。

在刑事诉讼中推进以审判为中心，实际上就是突出司法权威，确保审判程序的合法化、正当化，防止非法证据进入审判环节，对于排除非法证据，从制度上防范冤假错案，具有非常重要的作用。通过反思总结实践中冤假错案产生的原因，即使判决是由审判机关最终作出的，但致错环节往往存在于侦查阶段。[1]刑事诉讼程序从立案、侦查、起诉、审判直到执行是建立在公、检、法三机关互相配合、互相制约的基础上的，这种"流水作业"保障了诉讼程序的有效推进并且及时将侦查阶段的成果转化为定罪量刑的依据，同时也正是由于这种流水作业式的诉讼关系，犯罪嫌疑人一经逮捕并起诉，侦查结果直接为法院所确认的可能性较大。可见，相对于庭审阶段的"筛查过滤"，侦查阶段生产的"原材料"对生效裁判的"产品质量"至关重要，不仅影响结案时效而且关乎个案公正价值的实现。侦

---

〔1〕 陈卫东：《以审判为中心：解读、实现与展望》，载《当代法学》2016年第4期。

查讯问是侦查机关侦破案件最主要、最直接的途径，但尤其在缺少其他有力证据或其他侦查手段效率低、成本高的情况下，侦查讯问则成为保障犯罪嫌疑人合法权益的软肋之一。从侦查讯问的特点看，根据相关规定，我国侦查机关讯问犯罪嫌疑人主要有两种方式，传唤未被羁押的犯罪嫌疑人到案讯问，或提讯讯问已被羁押的犯罪嫌疑人，无论哪种方式，皆表现出侦查机关权力行使的强制性和主动性。受侦查中心主义的旧有观念影响，且考虑到公民对国家侦查权的行使负有配合义务，侦查讯问实践中容易轻视对犯罪嫌疑人权利的保护。完善侦查讯问制度，应在深化以审判为中心的时代背景下进行，走出"侦查中心主义"的老路。

(三) 加强权力制约和监督

法律监督是加强执法司法制约监督的重要内容。要抓住关键环节，完善执法权力运行机制和管理监督制约体系，努力让人民群众在每一起案件办理、每一件事情处理中都能感受到公平正义。党的二十大报告强调："规范司法权力运行，健全公安机关、检察机关、审判机关、司法行政机关各司其职、相互配合、相互制约的体制机制。强化对司法活动的制约监督，促进司法公正。"在司法现代化的进程中，司法改革的内容因时而变，时变时新。但对司法公正的追求，强化对司法活动的制约监督，从未改变。

要健全权力运行制约和监督体系，让人民监督权力，让权力在阳光下运行。权力监督的目的是确保国家机关按照法定权限和程序行使权力，保证公权力正确行使。一旦权力不受任何制约，既容易造成对相对人合法权益的侵犯，也会带来社会治理成本的不当增加。对公权力的行使进行有效制约是权力运行的客观要求，基于公权力的行使对社会具有广泛的干预性，将这种干预限制在合理的范围内是法治国家人权保障水平的体现。对权力制约的方式主要有以下几种：①以权力制约权力。其基本思路是通过国家权力的划分，使不同权力主体之间形成相互制约的格局，其目的是使一方权力的行使受到另一方或者多方权力主体的牵制，即分权制衡。②以道德约束达到权力制约的效果。其基本思路是依靠权力主体的道德水准实现社会权力结构的稳定，在我国，这种权力制约思路一度成为主流，其关注点在于人与权力两方面，寄托于权力主体的自我约束。但这种思路客观性、稳定性不足，容易使权力制约的标准走向主观。③以权利制约权力。其基本思路是通过赋权而实现限权的目的，这种思路符合当今人权保障的要求。权利是一个法律概念，不同于传统意义上的社会权利，社会权利更多地表现为一种社会范式，其所涉范畴更具广泛性。同作为法律概念，权力与权利往往是成对出现的，从法律运行中来看，某种权力的行使往往对应着一定权利的赋予，二者应是一种平衡状态。从以上三种权力制约思路来看，法治国家的权力制约理念应同时采用以权力制约权力以及以权利制约权力，二者应同等看待，当然这种权力制约理念亦适用于我国当前对侦查讯问权力的制约需求。

二、完善侦查讯问制度的目标

以人权保障为核心的"以人为本"的理念是刑事诉讼法存在与发展的根基。我国刑事诉讼法最基本的中国特色就是"以人民为中心"的指导原则在诉讼中的应用。侦查讯问活动作为刑事侦查阶段的关键环节，直接面对犯罪嫌疑人，尤其要坚持"以人民为中心"，坚持人权保障原则，坚持人本主义的哲学理念，并将其转化为具体的刑事司法制度，作为完善侦查讯问制度的目标。

（一）健全人权司法保障机制

公正司法是维护社会公平正义的最后一道防线，也是尊重和保障人权的重要防线。要从确保依法独立公正行使审判权检察权、健全司法权力运行机制、完善人权司法保障制度三个方面，着力解决影响司法公正、制约司法能力的深层次问题，破解体制性、机制性、保障性障碍。党的十八大以来，在习近平法治思想科学指引下，我国深入推进司法体制改革，人权司法保障制度机制更加健全，人权司法保障成效越来越显著，人民群众对司法的信任程度不断提高。加强人权法治保障，在司法领域就要健全人权司法保障机制，这是我国司法体制改革的重要组成部分，也是建设公正高效权威的社会主义司法制度的重要内容。人权不是抽象的概念和空洞的口号，而应当成为广大人民群众看得见、摸得着的切身利益。习近平总书记指出："要系统研究谋划和解决法治领域人民群众反映强烈的突出问题，依法公正对待人民群众的诉求，坚决杜绝因司法不公而造成伤害人民群众感情、损害人民群众权益的事情发生。"[1]健全人权司法保障机制，要正确处理打击犯罪与保障人权、程序公正与实体公正，公正价值与效率价值之间的关系。要注重遵循法治原则，坚持良法善治，法律面前人人平等，以宪法和法律为依据，逐步健全人权司法保障法律法规，完善制度设计，细化配套措施。提升司法理念，完善监督制约，充分发挥社会主义司法制度的优越性。要尊重和保障基本人权，将尊重和保障人权作为司法的宗旨，切实保护公民的人身权利、财产权利、诉讼权利等合法权益，不断提升人权司法保障的法治化水平。要加强权利救济保护，

---

[1] 习近平：《坚定不移走中国人权发展道路　更好推动我国人权事业发展》，载《求是》2022年第12期。

第一章　完善侦查讯问制度的时代背景及目标

保障公民权利受到侵犯后，能及时得到有效救济。

在刑事诉讼领域健全人权司法保障机制，就要遵循正当的法律程序，自始至终贯彻正当程序这一主线。法律的正当程序（Due Process of Law），通常又译为"正当法律程序"或"正当程序"，作为一条重要的法治观念与宪法原则，最早出现在英国，后来被很多国家引入，现在已是刑事司法的国际标准。《公民权利及政治权利国际公约》第9条第1款明确规定，除非依照法律所确定的根据和程序，任何人不得被剥夺自由。正当程序是一项权利保障机制，主要包含两方面内容：一是对公民生命、自由、财产等重要权利的剥夺或者限制必须通过一定的程序进行；二是这种程序本身必须是公正的，它实际内含着程序法定、程序中立、理性、排他、可操作、平等参与、自治、及时终结和公开等价值追求和工作要求。无程序即无法律，更无法治，对诉讼活动而言，程序问题尤为重要。[1]正当程序理念作为指导刑事诉讼程序的核心性原则之一蕴含着丰富的机理，包含犯罪嫌疑人、被告人的权利应得到尊重与保障，侦查权、公诉权、审判权等公权力应受到监督与制约，经由正当程序产生的结果应具有广泛的可接受性等丰富内涵。

随着正当程序理念的逐渐渗透，刑事诉讼制度体系的

---

[1] 于同志：《深化以审判为中心的刑事诉讼制度改革》，载《中国应用法学》2023年第3期。

构建更加体现程序正义的要求,追求实体真实与正当程序的二元价值的平衡应在刑事诉讼各阶段的制度建设中均有体现。我国1979年《刑事诉讼法》在制定时就有对正当程序的原则性规定,比如第3条第2款规定:"人民法院、人民检察院和公安机关进行刑事诉讼,必须严格遵守本法和其他法律的有关规定。"但受到传统及现实的各种因素影响,正当程序观念未能深入人心,在刑事诉讼中"重实体、轻程序""重结果、轻过程"的问题长期存在,这也是导致实践中违法搜查、扣押、超期羁押、刑讯逼供乃至冤假错案等情况在当时时有发生的根本原因。因此,解决这些问题的突破口就在于实现刑事诉讼程序的正当化,切实引入正当程序理念。2012年与2018年我国《刑事诉讼法》的修改,从多个方面完善了刑事诉讼程序,其实质就是贯彻正当程序的要求,使程序设置更为合理、正当。

从内容上看,我国现行《刑事诉讼法》规定的侦查讯问制度还是比较完整的。但侦查讯问制度不是孤立存在、独立运行的,也需要一系列相关配套制度的支撑。若缺少制度环境以及相关配套措施,即使是一套自成体系的制度也无法独立运行。这些制度环境既包括原则性规定,也包括具体规范,原则性规定为侦查讯问程序的改革提供理念指引,具体规范则在落实层面上发挥协调适用的作用。在侦查讯问活动中,健全人权司法保障机制的前提是构建抗

第一章 完善侦查讯问制度的时代背景及目标

辩式侦查讯问模式。在民事诉讼中,所谓抗辩,是针对请求权提出的一种防御方法,是指当事人通过主张与对方主张事实所不同的事实或法律关系,以排斥对方所主张事实的行为。[1]抗辩权主要是民法领域的一种权利表现形式,多适用于平等的民事主体之间,但并不排除抗辩权在制约公权力中的必要性。在刑事诉讼领域,抗辩的权利表现形式即辩护权。但无论是抗辩权还是辩护权,二者的属性都是防御性权利,目的都是为了维护自身的合法权益免受不当侵害。抗辩式侦查讯问模式是指在侦查讯问过程中,侦查机关与犯罪嫌疑人及其法定代理人、辩护人在法律赋予其职责、权利的范围内,就案情及其相关法律程序问题进行博弈,制约和督促侦查人员合法行使侦查权,维护犯罪嫌疑人的诉讼权益,保障整个讯问程序的合法性。抗辩式侦查讯问模式符合正当程序理念,旨在强化犯罪嫌疑人在侦查阶段的诉讼主体地位,具有非强制性,强调维持侦查讯问人员与犯罪嫌疑人及其辩护人之间的力量平衡。这里的非强制性是指在经传唤到案与羁押状态下,犯罪嫌疑人自由决定是否接受讯问、是否供述,侦查人员不得进行任何强制。我国现行《刑事诉讼法》确立的非法证据排除规则、侦查阶段律师介入、全程录音录像制度为抗辩式侦查

---

[1] 杨立新、刘宗胜:《论抗辩与抗辩权》,载《河北法学》2004 年第 10 期。

讯问提供了制度基础。与此同时,抗辩式侦查讯问模式的逐渐形成也为我国侦查讯问程序的改革完善提供了制度土壤。

(二) 全面贯彻证据裁判原则

深化以审判为中心的诉讼制度改革要求全面贯彻证据裁判原则,保证庭审在查明事实、认定证据、保护诉权、公正裁判中发挥决定性作用。党的十八届四中全会通过了全面推进依法治国的纲领性文件,首次提出要推进以审判为中心的诉讼制度改革,其中一项核心要求就是全面贯彻证据裁判原则。证据裁判原则是法治国家的基本司法原则,是诉讼进步与司法文明的重要标志。"打官司就是打证据",无证据不能得出事实,只有经过法庭举证、质证、认证的证据才能作为案件事实认定的根据,此乃证据裁判之要义。具体而言,一是认定案件事实,必须以证据为根据;二是没有证据,不得认定案件事实,这是严格公正司法的重要基础和必然要求。证据裁判原则的内涵十分丰富,是严格公正司法的基石,该原则开启了对我国原有的"以侦查为中心、以书面审查为重点"诉讼格局的全面调整和深入改革。证据是证明案件事实的唯一手段,是案件的基础,是审判的核心。"以审判为中心"的实质是以证据为核心,一切诉讼活动都要围绕着证据的收集、运用等展开和推进,

第一章 完善侦查讯问制度的时代背景及目标

以确保案件质量,有效避免冤假错案的发生,实现司法公正、保障人权,同时也将程序正义提升到一个新的高度。构建以证据为核心的刑事指控体系,旨在改变"重打击,轻保护""重实体,轻程序"的办案理念。刑事诉讼坚持"以事实为根据,以法律为准绳",其中,"以事实为根据"就是"以证据为根据"。证据是正确处理案件的质量保障,证据基础不扎实,案件质量就难以保证,严格公正司法就无从谈起。刑事诉讼关涉公民人身自由乃至生命的限制或剥夺,要严格遵循法律规则和法定程序,强化证据裁判,防止主观臆断、"拍脑袋"断案,从源头上严把证据关和事实关,做到一切靠证据说话,夯实事实证据基础,才能确保案件处理经得起法律和历史的检验。

从立法表述来看,证据裁判规则主要针对审判活动。但从建立以审判为中心的诉讼制度角度,证据裁判理念应当辐射至整个刑事诉讼程序,要求公、检、法三机关及其办案人员一体贯彻或遵守。因此,证据裁判要避免侦查中心主义。由于长期以来公、检、法三机关的配合大于制约,侦查人员存在着"以侦查为中心"的认识,导致我国的侦查制度总体上呈现出一种强审问式的特点,存在强化侦查机关权力,弱化犯罪嫌疑人诉讼权利的现象。在证据收集上,少数侦查人员习惯于收集有罪、罪重证据,对无罪、罪轻证据不重视、不收集。也容易造成现场勘查不到位、提取证据不规范、不合法等现象,导致关键证据缺失,无法形成完整的证据链等情况。

证据裁判也要避免"口供至上"。重证据,重调查研究,不轻信口供,是证据裁判原则的核心要求,也是防范冤假错案的关键所在。口供在刑事诉讼法中被称为"犯罪嫌疑人、被告人供述和辩解",是法定证据形式之一。口供获取便捷、直接反映案情,有其独特的证明价值和优势。但是,口供存在反复性、易变性的问题,证据运用也存在巨大风险。被告人非自愿供述、虚假供述,是以往冤错案件发生的重要原因。正因为此,《刑事诉讼法》明确规定,对案件的判处要重证据,只有被告人供述,没有其他证据的,不能认定被告人有罪和处以刑罚。贯彻证据裁判原则,要建构以客观性证据为核心的审查判断证据的方法和模式,坚决纠正"口供至上""口供主义"种种做法,对口供审慎采证。

证据裁判还意味着,要把证明标准作为防范冤假错案的法律底线。事实清楚,证据确实、充分,是唯一的证明标准,在任何时候、任何情况下都不得以任何理由降低标准,被告人认罪的案件也不例外。必须贯彻证据裁判原则,办案机关要依法全面收集、固定、审查、运用证据,依照法定程序认定和采信证据,坚守法定证明标准。不能因为犯罪嫌疑人、被告人认罪,就降低证明标准,将口供作为认定案件事实的主要依据。

(三) 提升侦查活动监督质效

侦查权,是侦查机关依照法定程序,通过采取一定的侦查手段和运用一定的强制措施等开展侦查活动、收集证据、查明犯罪事实并查获犯罪嫌疑人的国家权力。侦查权是国家维护社会政治环境稳定、维护社会秩序和社会治安的重要力量。与此同时,侦查权行政色彩浓厚,在性质上表现出较强的封闭性、垄断性、强制性和追诉性。为保障犯罪嫌疑人合法权益,必须对侦查权的行使进行严格控制和约束。如果不从根本上解决侦查权的制约问题,紧靠侦查机关主动约束自身的侦查行为,难以避免出现侦查违法的情况。

侦查活动监督是防范侦查权滥用,推进严格公正司法的重要制度安排。在全面推进依法治国的新形势下,司法体制改革的决策部署、人民群众的法治期待、人权保障的时代要求以及侦查办案的发展变化都对强化侦查权监督制约提出了新的要求。可以说,刑事诉讼程序中侦查权所及之处,均应有监督。我国的侦查活动监督制度与域外侦查权控制模式在遏制侦查恣意、保障公民权利、维护公平正义等价值取向上是一致的。在刑事诉讼中,侦查环节对于收集证据、指控犯罪至关重要,是国家权力与公民权利、打击犯罪与保障人权矛盾冲突的交汇点。侦查权的强制性最高，对公民权利的影响也最大。因此，刑事诉讼的法治化，首先是侦查的法治化。规范侦查活动，控制侦查权，对于公平正义的实现至关重要。

  侦查活动能否实现实质正义主要体现在讯问环节，对侦查讯问权的监督制约是防范权力滥用，推进严格公正司法的重要制度安排，也是实现侦查讯问法治化的具体要求。当前实践中，侦查不规范导致的负面舆情事件时有发生，其原因除上文所述之外，还在于监督制度本身的缺失，也应引起足够重视。例如：监督滞后（多数监督发生在侦查行为结束甚至侦查阶段终结后，时效性不强）、监督程序不规范、监督手段单一、检察建议强制性弱，等等。进入新时代，侦查讯问活动监督应面对新形势，全面推进依法治国对监督质效提出了更高要求，多项改革任务对侦查讯问法治化提出了具体要求，如完善对限制人身自由司法措施和侦查手段的司法监督，加强对刑讯逼供和非法取证的源头预防等，亟需丰富监督途径、优化监督模式、强化监督手段。

第二章　现行侦查讯问制度逻辑与体系

随着立法的完善和刑事司法理念的转变，相较传统侦查讯问制度，我国侦查讯问制度的理论逻辑与实践逻辑也发生了较大调整。讯问目的从仅注重口供向兼顾实物证据转变，讯问方法从针对犯罪嫌疑人（古称"人犯"）的身体暴力向突破心理防线转变。随着尊重和保障人权的观念深入人心，带有逼供印迹的传统侦查讯问方式逐渐退出历史舞台，适应新时代侦查实践发展需要的讯问模式正在形成。

一、侦查讯问制度发展脉络

任何新生事物在产生伊始必然带有某种程度的不稳定性与不可预见性，从与既有事物之间的因果联系来看，这种产生可能是继发性的，也可能是革新性的。就建制立法而言，通过革新旧有而产生的新事物往往会带来难以预期的颠覆性效果，不仅是制度上的，更是观念上的。从法律观念的发展脉络看，人权保障理念是随着人本法律观的萌芽、确立与发展而不断深化的过程，由最初仅仅体现为宗旨性的表述逐渐落实到具体法律制度的运行之中。侦查讯问制度随着诉讼模式发展变化下的侦查讯问模式的变迁而逐渐发展演变。

(一) 古代侦查讯问制度

在我国古代的中央集权以及王权至上的思想影响下，侦查与审判合一，司法与行政不分，司法的审判权由行政官集中行使，与现代意义上侦查权与审判权分别由侦查机关与审判机关行使有实质区别。

与通常意义上的口供不同，夏商时期的口供不具有证据作用，可以据此进行裁判，但该时期的侦查讯问制度并没有明确的史料记载。夏商时期没有形成独立的犯罪侦查制度，即使侦查职能与军事职能已经分离，但侦查职能仍从属于审判职能，无论职位设置还是职权行使都与审判不分，侦查活动就包含在审判活动之中。[1]从周朝开始，我国的古代侦查讯问制度开始有据可考，讯问活动在公堂之

---

[1] 何家宏编著：《外国犯罪侦查制度》，中国人民大学出版社1995年版，第11页。

第二章 现行侦查讯问制度逻辑与体系

上由案件的审理者主导,对被告人进行讯问,取得被告人的陈述及其他证据以查明案件事实。

古代侦查讯问制度由起初贯穿在审判制度中逐渐独立出来。西周时期的《吕刑》将被告人的供述作为最主要的判决依据,"两造具备,师听五辞"[1],即审判者必须在原告、被告双方都在场的情况下审理案件。秦汉时期的《睡虎地秦墓竹简》记载,讯问的具体方式被法律化。汉代的讯问制度在此基础上继续细化,明确了讯问可以使用的刑具并对酷刑作了规定。直至三国两晋南北朝时期对讯问以及获取口供的方式、对口供的采信标准进行了完善,更加重视讯问在侦查活动中的地位。南北朝时期开始对讯问权的行使作出限制。唐代立法规定的讯问制度更加详尽,既规定了讯问的前提,如审判者在充分运用"五听"的前提下才能进行讯问,并同时规定了讯问的方法以及对象,尤其难得的是"据证定罪"制度的确立,即在缺少被告人口供的情况下,依据证人证言、实物证据等其他证据佐证案件。隋唐时期虽然出现了司法职能上的机构分工(大理寺专司审判,刑部为司法行政机关,御史台进行司法监督),但侦查职能仍然没有独立于行政机关设置。宋代分别由巡检司与县尉司掌管侦讯和审判,侦查职能表现出了一定的独立性。辽金元时期的讯问制度禁止非法的讯问手段,体

---

[1]《尚书·吕刑》。

现了恤囚精神。到了明清时期，讯问制度进一步细化，更加重视口供在查清案件事实中的地位，并收集运用其他证据形式对口供进行佐证。

古代侦查讯问制度价值取向的选择与当时的证据制度有关，古代诉讼中关于如何收集证据、运用证据认定案件事实的规定，是古代诉讼法的重要组成。早期西方，主要运用神明裁判的方式，依靠信仰宣誓行为等非理性的审判方式为人们解决纠纷。然而神明裁判是一般人所无法窥测的，神职人员肆意处断也往往会导致各种不公平现象。宣誓作为13世纪前西方国家司法证明的基础，反映了人们对"告知真理"的青睐。[1]在西方国家，宣誓（或者类似宣誓的郑重声明、具结）是具有法律意义的行为。在中世纪，宣誓意味着将面对上帝作证，撒谎将受到上帝的惩罚。[2]欧洲诉讼程序中经常使用的证人誓证法、申明无罪宣誓以及宣誓采证法都要求当事人宣誓，以誓言的方式证明自己的权利主张或者对指控的否认。[3]随着人类对社会和自身认识能力的逐渐提升，人们愈发希望在社会活动中展现自身的价值，尤其在对自己切身利益的掌控方面。随着人类创造性不断增强，一些旧有的思想观念也随之革新，这一点在

---

[1] Jakobs. H, Promissory Oaths in the Middle - Ages - German - Kolmerl, HISTORISCHE ZEITSCHRIFT; DEC, 1992, 255 3, pp. 741-742.

[2] 陈卫东主编：《刑事诉讼法学研究》，中国人民大学出版社2008年版，第265页。

[3] 程汉大主编：《英国法制史》，齐鲁书社2001年版，第31页。

第二章 现行侦查讯问制度逻辑与体系

法律活动中的体现尤为显著,表现为在纠纷解决方式上,不再一味等待神明的旨意,而是通过人的理性来影响司法的走向。随之而来,统治者为了维护其统治地位,越发对那些非理性的审讯方式感到厌倦与排斥,从此理性的司法证明方式应运而生。约公元 11 世纪之后欧洲国家政府开始诉诸司法手段,传统的神明裁判方式由于其天然的不可预测性而不足以成为统治阶级维护统治秩序的"定心丸",因此政府急于找到使其更容易预测裁决结果的审讯方式,即主动运用职权追诉犯罪嫌疑人。在追诉方式上,也逐渐由被害人直接追诉转变为政府主动抓捕,但最终的司法裁决仍带有神明色彩。直到 12 世纪末,导致神明裁判被理性司法证明方式取代的因素开始出现在欧洲国家。随着人类对自身理性的逐渐重视,神的旨意在社会纷争解决中的作用逐渐被淡化。

我国古代刑事律令允许拷打证人,还规定了一定范围的亲属之间和奴婢、部曲(农奴)、雇工人对家长不得作证("亲亲相隐"),这是封建礼教和家族制度在证据制度上的反映。80 岁以上,10 岁以下和笃疾者,这些人往往缺乏作证能力而不需作证。自秦至清的诉讼中,比较重视通过观察犯罪现场、检验尸体伤痕来收集物证和其他证据。随着诉讼模式逐渐由弹劾式向纠问式诉讼过渡,诉讼当事人的诉讼地位被弱化,由诉讼主体向诉讼客体转变,相反审判者的权力加强。为查明案件事实,被审讯者仅仅是被追诉的对象。受到我国古代社会集权思想的影响,彼时的侦查讯问制度往往成为统治阶级的工具,处于从属地位。这一时期的侦查制度多为讯问制度,以讯问代替侦查容易酿成冤错案件。

(二) 近代侦查讯问制度

我国古代的法律制度以及法律的运行方式基本是封闭式发展的,侦查权与审判权之间的权力运行模式具有时分时合的特点,侦查权的行使主体范围宽泛,既有行政官也有审判官,既有检察官也有治安官,刑事诉讼活动的首要目标是打击犯罪、追求实体正义。1840年鸦片战争之后,这种封闭局面被打破,侦查讯问制度也在革新发展,传统诉讼文化开始转型。《大清刑事民事诉讼法草案》等法律规定,如被告承认被控之罪,承审官无需讯取他人供词,即照犯罪情节依律定拟,可以看出,尽管仍然保留着讯问的方式,但对讯问获取的口供持宽松的态度,可以无供定案。这与古代刑事诉讼对口供的依赖程度有明显不同。如上所述,19世纪中期之前我国的诉讼文化依然表现出封建性特征,具有宗法伦理性,然而自1840年后西方法律文化的冲击以及我国社会经济背景的变化使我国的诉讼文化由传统向近代发展。整个民国时期,各政府虽承认讯问作为获取

第二章 现行侦查讯问制度逻辑与体系

被告人口供的手段,但法律明确规定禁止刑讯逼供,不论行政司法官署,及何种案件,一概不准刑讯,从前不法刑具,悉令焚。[1]新民主主义革命时期的法律较为原则化,重证据,重调查研究,不轻信口供,严禁逼供的刑事司法政策在这时期适用于刑事司法实践。抗日战争时期施行镇压与宽大相结合的政策。表现在侦查讯问制度中,即后来的"坦白从宽,抗拒从严"的刑事司法政策。一些法律文件中规定了讯问相关制度,如1941年《陕甘宁边区施政纲领》规定改进司法制度,坚决废止肉刑,重证据不重口供。

从世界范围来看,近代自由、民主和人权的思想也体现在刑事司法领域,尤其是无罪推定观念的确立。侦查机关行使侦查权受到了一定限制,被追诉人的诉讼主体地位逐渐确立,讯问方法由非理性走向理性。侦查权内容和行使方式是由侦查权据以产生的社会历史背景、政治经济基础以及法律制度土壤决定的,侦查权的运作是否适当,反映在它得以存在的法理基础、制度体系以及法律实践当中。近代以后,侦查权从与起诉、审判三者统一行使的职能模式逐渐分离出来,形成侦查、起诉和审判分权制衡的权力运行模式,侦查权开始走向明晰化。这时期西方国家的国家侦查权正逐步取代私人侦查权而占据主导地位。随着诉讼的对抗性和正当程序理念的深入以及纠问式侦查讯问模

---

[1] 闫召华:《口供中心主义研究》,法律出版社2013年版,第39页。

式的变革,西方侦查理念、侦查制度以及权力运行方式也发生了变化。侦查制度设计更加法治化,表现在权力行使的范围、属性、目的更加明确,与行政治安、指控以及审判的关系日益分明,多数国家将侦查权力统一交由警察和检察官行使,这一职能划分模式也被世界上其他国家借鉴。

我国近代诉讼制度借鉴和移植了西方诉讼文化的因素,我国近代诉讼制度的变革确立了司法权与行政权分离的模式,司法权的封建集权性逐步淡化,是自上而下的变革,然而过渡时期的诉讼机制中被追诉者的诉讼客体地位依旧没有转变,被追诉人的诉讼权益无法得到充分保障。"法有实体与程序之分,实体法犹车也,程序法犹轮也。轮无车则无依,车无轮则不行。故国家贵有实体法,尤贵有程序法。"[1]我国法制在传统上重实体而轻程序,沈家本曾提出证据之法,中国旧用口供,各国通例则用众证,众证之优于口供,无待缕述;并提出直接审理,即凡该案关系之人与物,必行直接讯问调查,不凭他人申报之言词及文书辄与断定;关于原被告之间待遇应同等,沈家本认为这种待遇同等并非地位相同,是指诉讼中关于攻击防御,俾以同等便利而言。

程序工具主义影响了我国诉讼观念,也直接影响到我国的立法目的以及诉讼制度的设计。然而理论与实践往往

---

[1] 夏勤:《刑事诉讼法要论》,商务印书馆1944年版,第5页。

并不是齐头并进的,即使在观念上的程序正当性受到了一定程度的关注,但实践与认识的分离以及理论研究投入的不足导致观念上虽受到正当程序的熏陶,但实践中仍然可能表现出程序工具主义,其直接后果是讯问活动无法体现对抗性而是以侦查权力的纵向主导为主。

(三) 现代侦查讯问制度

1949年以后侦查讯问制度得到进一步发展,主要表现在对刑讯逼供的非法讯问方式的禁止,另外践行坦白从宽的刑事司法政策,将坦白作为量刑的因素加以考虑。

20世纪中期以后,对犯罪嫌疑人、被告人的保护成为世界范围内刑事诉讼领域的共识。辩护权的发展带来了控辩审三方的线性结构模式向三角形结构模式发展,同时公安机关的侦查职能逐渐与治安职能分离。自此国家侦查权的定位与制度更加明晰,且直接反映在讯问制度的构建中。20世纪80年代"严打"时期,打击犯罪成为刑事诉讼活动的主要目的,与此同时,对侦查讯问程序的规制相对不高,侦查讯问程序作为审前程序过滤的作用相对不大。出于打击犯罪的考虑,1997年7月,公安部在石家庄召开全国刑事侦查工作会议,提出侦审一体化改革的思路,撤销独立的预审机构,将预审人员和预审工作融入侦查中由侦查部门承担。这一改革思路的提出背景在于,面对我国社会转型时期刑事案件高发态势，侦审分立已不再适应打击犯罪的需要。实践中的一些做法多是将预审机构以不同形式与刑侦部门进行整合，在刑侦部门之下设立预审科室等，承担原有的预审职能，其对侦查工作的监督制约效果比较有限。随着公民权利意识不断增强，社会对司法公正与效率有了更高的期待。在刑事司法领域，犯罪嫌疑人、被告人的权利意识也逐渐加强，侦查机关在讯问过程中应更加注重保障犯罪嫌疑人的合法权益。

正当程序理念在现代刑事司法理念中占据主导地位，尤其体现在侦查讯问活动中。在"不得强迫任何人自证其罪"这一现代诉讼原则的指引下，犯罪嫌疑人、被告人在诉讼中活动的角色已经不再限于协助办案机关查明案件事实，这种法律协助义务已然成为历史。虽然我国刑事诉讼法没有明确规定犯罪嫌疑人、被告人享有沉默权，但可以理解为犯罪嫌疑人、被告人享有一种默示沉默权。不止我国如此，世界上其他国家如德国、日本也并没有采用"你有权保持沉默"的美国式表述，而是规定犯罪嫌疑人、被告人在诉讼过程中享有"就指控进行陈述或者对案件不予陈述的权利"。因此，即使我国《刑事诉讼法》中仍然保留"犯罪嫌疑人对侦查机关的提问，应当如实回答"的规定，也不能就此推导出我国法律不保障被追诉人的沉默权。法律体系具有完整性、统一性，权利体系的发展历史可以说是一个由"默示"权利向"明示"权利转化的发展过程。

总体来讲，现代意义上对犯罪嫌疑人、被告人诉讼权益的保障主要是体现在对犯罪嫌疑人、被告人享有自愿陈述权的保障，可以说在诉讼活动中保障被追诉人的权利是以保障其陈述自愿性为核心内容的。现代侦查讯问制度对侦查机关获取口供的方式主要从取证程序和取证手段两方面进行规制，强调取证手段的正当性。从强化审前程序抗辩性的角度赋予犯罪嫌疑人、被告人更广泛的律师帮助权以及辩护权，构建一系列配套措施保障被追诉人供述的自愿性。现代侦查讯问程序的完善还表现在讯问方法向科学化方向发展。以暴力、威胁等损害被追诉人供述自愿性的非法取证方式受到普遍禁止，并且非法讯问人员将承担相应的法律责任。

法律制度发展完善的过程是从野蛮逐渐走向文明的过程，由非理性走向理性的过程。侦查机关的讯问权经过了从无到有，开始向精细化方向发展，被追诉人的诉讼地位也经历了从诉讼客体到诉讼主体的演变，由协助侦查的法律义务发展为享有供述与否的自主选择权。随着保障人权观念深入人心，刑事司法已经逐渐从打击犯罪的手段回归到以人为本的本来面目。

二、现行侦查讯问制度体系

我国现行《刑事诉讼法》从 2012 年修正后的 290 条增加到 308 条,与前两次全面修改相比,2018 年修正《刑事诉讼法》是一次部分性的、有限的、应急性的修改,主要是为应对司法改革的迫切需要,可以说是一次"针对性"修法,虽然修改内容不多,但意义很大。针对侦查讯问活动,规定"侦查人员在讯问犯罪嫌疑人的时候,应当告知犯罪嫌疑人享有的诉讼权利,如实供述自己罪行可以从宽处理的法律规定"。侦查讯问活动中引入认罪认罚从宽制度,是由我国现阶段的侦查水平决定的,也是及时有效惩治犯罪、维护社会稳定、合理配置司法资源的需要。

(一)侦查讯问主体权力

关于限制人身自由的合理性问题,不管是许多国家的宪法还是一些人权公约都将限制人身自由的理由落脚于公共利益。一定程度上来说,公共利益具有不确定性,也为公共权力恣意限制人身自由和滥用权力留下了空间。针对犯罪嫌疑人、被告人采取的强制措施主要是为了防止犯罪嫌疑人、被告人逃避侦查、起诉和审判,防止犯罪嫌疑人、被告人进行妨害查明案情的活动,并且可以防止犯罪嫌疑

第二章 现行侦查讯问制度逻辑与体系

人、被告人继续进行犯罪活动。采取强制措施的目的便是保证刑事诉讼的顺利进行。

讯问是侦查活动的一项重要的侦查措施,是侦查机关为了查明案件事实,依法对犯罪嫌疑人进行诘问,目的是获取犯罪嫌疑人的供述或辩解。讯问犯罪嫌疑人是侦查的重要程序,可以进一步核实已查获的证据,补充收集新的证据,正确认定犯罪的性质;可以进一步发现犯罪嫌疑人的其他犯罪活动及其同案犯;可以及时发现和纠正侦查工作中的疏忽和错误,保证无罪的人不受刑事追究;可以了解和掌握犯罪嫌疑人的心理,促使其坦白交代。根据我国《刑事诉讼法》规定,行使侦查讯问权的主体是法定的侦查机关,即公安机关、人民检察院。侦查人员是侦查讯问的实施者,在侦查过程中具有主导性。例如侦查人员可以决定对犯罪嫌疑人是否使用手铐,是否在侦查期间对犯罪嫌疑人进行多次讯问,是否变更强制措施等。讯问手段的采用直接影响的是侦查人员取得犯罪嫌疑人供述或辩解的能力,同时基于实现侦查讯问活动结果价值的需要,如果一味强调限制讯问权力,也会影响犯罪嫌疑人的供述或辩解对于侦查讯问活动的积极价值。行使侦查讯问权力要求在保障犯罪嫌疑人诉讼主体地位的前提下采用合理的讯问方式获得犯罪嫌疑人的合作。

关于侦查讯问权与预审权的关系问题,根据我国《刑事诉讼法》第 3 条第 1 款的规定,[1]公安机关有预审的权力。《刑事诉讼法》第 116 条规定:"公安机关经过侦查,对有证据证明有犯罪事实的案件,应当进行预审,对收集、调取的证据材料予以核实。"《刑事诉讼法》第 118 条第 1 款规定:"讯问犯罪嫌疑人必须由人民检察院或者公安机关的侦查人员负责进行。讯问的时候,侦查人员不得少于二人。"可见,预审即预备性调查或预备性讯问,是指在法庭正式审判前,对犯罪嫌疑人进行的预备性审理活动。[2]英美法系的预审强调,预审不是对被告人定罪,而是为了保障被告人的宪法权利,包括在预审中保持沉默权,避免受到无根据的指控,防止警察权力的滥用。我国的刑事预审权由公安机关行使,这可以追溯到 20 世纪初确立的审理刑事案件预审制度,除短期将刑事案件的预审权交由法院行使外,当时的预审权较长时期由新民主主义革命时期根据地解放区和新中国的政治保卫局与公安机关单独设立的预审部门行使。[3]从现行《刑事诉讼法》规定来看,预审环节是办理刑事案件的必经程序,预审的重要作用表现在,可

---

[1] 我国《刑事诉讼法》第 3 条第 1 款规定:"对刑事案件的侦查、拘留、执行逮捕、预审,由公安机关负责。检察、批准逮捕、检察机关直接受理的案件的侦查、提起公诉,由人民检察院负责。审判由人民法院负责。除法律特别规定的以外,其他任何机关、团体和个人都无权行使这些权力。"

[2] 于树斌:《试论我国预审与侦查的关系——兼论预审在公安机关办理刑事案件中的地位和作用》,载《湖北警官学院学报》2005 年第 6 期。

[3] 于树斌:《试论我国预审与侦查的关系——兼论预审在公安机关办理刑事案件中的地位和作用》,载《湖北警官学院学报》2005 年第 6 期。

以检验侦查阶段获取的证据材料是否确实可靠充分,审查案件事实情节是否清楚,有无刑讯逼供等违法行为,严格依法办案,保证案件不枉不纵。侦查机关在查办案件过程中收集的证据需要通过预审程序把关,预审是检验侦查阶段办案质量的重要程序。然而,基于预审活动是由侦查机关主导的,期待其自身客观检验证据收集成果的质量未必有所成效,且实践中预审活动收集的证据多数为犯罪嫌疑人的口供,相比实物证据而言具有不稳定性。因此,预审行为本身具有扩张性,是从属于广义的侦查权的一项权力,在实践中表现为对犯罪嫌疑人的讯问。立法对侦查讯问活动设置了较为严苛的适用条件和适用程序,只有在符合法律规定的条件下,并且严格按照法律规定的程序方可对犯罪嫌疑人采取强制措施,否则即使为了刑事诉讼的顺利进行,也属违法行为,这也体现了惩罚犯罪和保障人权的统一。

(二) 侦查讯问对象权利

刑事诉讼侦查活动中,犯罪嫌疑人是讯问的对象。在刑事诉讼中落实人权保障则体现为对犯罪嫌疑人、被告人合法权益的保障。在权利理论体系中,权利主体与权利内容是最重要的两大要素。根据马克思主义人权观,尊重和保障人权是人类文明的标志,也是人类文明发展不可缺少的条件。在国家权力干预具有必要性特点的前提下,个人不是被公权力任意处置的对象,而是权利主体,在与公权力的关系中具有独立的主体地位。现代侦查讯问制度的构建是以保障犯罪嫌疑人的诉讼主体地位为前提的。从形式上看,犯罪嫌疑人在侦查讯问活动中仍然处于被动的地位,是讯问的对象,并且存在被施以刑讯逼供等非法讯问方法的风险。我国现行《刑事诉讼法》规定不得强迫任何人证实自己有罪的诉讼原则,犯罪嫌疑人不再承担积极协助国家追诉机关查明案件事实的法律义务,而享有是否进行陈述的自主选择权。被追诉人诉讼权利内容非常广泛,譬如,犯罪嫌疑人、被告人有权使用本民族语言文字进行诉讼;有权自行或在辩护人协助下获得辩护;有权在法定条件下获得法律援助;有权拒绝回答侦查人员提出的与本案无关的问题;有权向法庭作最后陈述;有权申请回避,有权申请复议;对侵犯其诉讼权利和人身侮辱的行为,有权提出控告;有权获得人民法院的公开审判;有权上诉、申诉等。

1. 委托辩护人的权利

获得辩护权是被追诉人的基本权利,也是落实人权保障的内在要求。律师辩护的权利在历次《刑事诉讼法》修改中都是重点和难点。刑事诉讼的历史就是被告人辩护权不断扩充的历史,辩护权的保障是一国司法文明的集中体

第二章 现行侦查讯问制度逻辑与体系

现,也是法治发展水平的指示器。保障犯罪嫌疑人、被告人的诉讼权利尤其是获得律师帮助的权利是以审判为中心的诉讼制度改革的要求。[1]在合理范围内增加犯罪嫌疑人、被告人获得救济的机会是实现有效辩护的前提之一,辩护权行使的有效性在一定程度上可以影响裁判走向。[2]

一般而言,由于法律知识的缺乏,犯罪嫌疑人在侦查讯问过程中往往处于被动的处境。赋予犯罪嫌疑人委托辩护人的权利可以防止讯问人员利用知识不对等而实施对其不利的讯问,对犯罪嫌疑人滥用讯问权,影响其供述的自愿性。我国《刑事诉讼法》第34条第1款规定:"犯罪嫌疑人自被侦查机关第一次讯问或者采取强制措施之日起,有权委托辩护人;在侦查期间,只能委托律师作为辩护人。被告人有权随时委托辩护人。"第35条第1款规定:"犯罪嫌疑人、被告人因经济困难或者其他原因没有委托辩护人的,本人及其近亲属可以向法律援助机构提出申请。对符合法律援助条件的,法律援助机构应当指派律师为其提供辩护。"侦查阶段辩护律师的实质介入有利于提高侦查讯问权力运行的透明度。《刑事诉讼法》第38条规定:"辩护律师在侦查期间可以为犯罪嫌疑人提供法律帮助;代理申诉、控告;申请变更强制措施;向侦查机关了解犯罪嫌疑人涉

---

[1] 顾永忠:《试论庭审中心主义》,载《法律适用》2014年第12期。
[2] 陈瑞华:《辩护权制约裁判权的三种模式》,载《政法论坛》2014年第5期。

嫌的罪名和案件有关情况，提出意见。"

《刑事诉讼法》第39条第1款规定："辩护律师可以同在押的犯罪嫌疑人、被告人会见和通信。其他辩护人经人民法院、人民检察院许可，也可以同在押的犯罪嫌疑人、被告人会见和通信。"该条第4款规定："辩护律师会见在押的犯罪嫌疑人、被告人，可以了解案件有关情况，提供法律咨询等；自案件移送审查起诉之日起，可以向犯罪嫌疑人、被告人核实有关证据。辩护律师会见犯罪嫌疑人、被告人时不被监听。"从本条规定可以看出，辩护律师知悉权的内容与范围并没有得到明确，获得律师辩护是犯罪嫌疑人行使防御性权利的有效途径，尤其在侦查讯问环节犯罪嫌疑人的诉讼权利容易受到非法讯问侵犯的情况下，赋予辩护律师明确的知悉权范围，对于维护犯罪嫌疑人的诉讼权利至关重要。《刑事诉讼法》第41条规定："辩护人认为在侦查、审查起诉期间公安机关、人民检察院收集的证明犯罪嫌疑人、被告人无罪或者罪轻的证据材料未提交的，有权申请人民检察院、人民法院调取。"然而，根据本法规定，辩护律师阅卷权的行使始于审查起诉阶段。[1]另外，由于我国《刑事诉讼法》没有赋予辩护律师讯问时的在场权，侦查讯问过程中犯罪嫌疑人往往独自直面侦查人

---

[1] 我国《刑事诉讼法》第40条规定："辩护律师自人民检察院对案件审查起诉之日起，可以查阅、摘抄、复制本案的案卷材料。其他辩护人经人民法院、人民检察院许可，也可以查阅、摘抄、复制上述材料。"

员的讯问进行自行辩护，实践中对于侦查讯问活动中侦查机关是否全面收集能够证明案件事实的证据材料，辩护律师可能无法有效把握。

2. 侦查讯问中犯罪嫌疑人的知情权

知情权是知悉、获取信息的自由与权利，既包括私权主体之间等民事活动的知情权，也包括公权主体与私权主体之间法律活动过程中的知情权。因此知情权既有公法属性又有私法属性。侦查阶段犯罪嫌疑人的知情权，顾名思义，是指犯罪嫌疑人享有知悉自己何以被指控以及自己在侦查和诉讼过程中处于何种法律地位、拥有何种权利、承担何种义务等方面情况的权利。犯罪嫌疑人知情权的必要性是由犯罪嫌疑人在侦查阶段诉讼地位的特殊性决定的，基于侦查讯问权的公权属性且具有扩张性的特点，侦查阶段犯罪嫌疑人的诉讼权利存在被非法损害的风险，即使法律赋予犯罪嫌疑人诉讼主体地位，由于实践中防御性权利无法有效行使，因而有必要明确犯罪嫌疑人的知情权，平衡控辩双方角力的落差。对于知情权的范围，考虑到侦破案件的需要以及侦查活动的保密性，以限定为与犯罪嫌疑人定罪量刑有关的侦查情况为宜，且不包括侦查人员的侦查策略以及侦查方法、技术手段等内部信息。

我国《刑事诉讼法》第34条第2款规定："侦查机关在第一次讯问犯罪嫌疑人或者对犯罪嫌疑人采取强制措施

的时候，应当告知犯罪嫌疑人有权委托辩护人。人民检察院自收到移送审查起诉的案件材料之日起三日以内，应当告知犯罪嫌疑人有权委托辩护人。人民法院自受理案件之日起三日以内，应当告知被告人有权委托辩护人。犯罪嫌疑人、被告人在押期间要求委托辩护人的，人民法院、人民检察院和公安机关应当及时转达其要求。"一般来讲，犯罪嫌疑人由于法律知识的欠缺，对自身享有的权利以及应当承担的义务达到全面了解的渠道并不畅通，需要侦查人员在讯问开始之前告知其享有的诉讼权利，尤其是委托辩护人的权利。

另外，在侦查讯问活动中犯罪嫌疑人同时享有对以下事项的知情权，包括获知被指控的罪名、被采取强制措施的理由和根据。获知被指控的罪名，是犯罪嫌疑人正确行使辩护权的前提和基础，只有在了解被指控的罪名的情况下，犯罪嫌疑人才能有针对性地进行无罪或罪轻的辩解。强制措施是一种暂时限制人身自由的措施，为保障犯罪嫌疑人的人身权利不受非法侵犯，犯罪嫌疑人有权知道自己被采取强制措施的理由和根据，并有权对强制措施提出抗辩。诉讼活动中控辩双方的地位平等对立，这既是诉讼活动抗辩性的体现，也说明了在侦查讯问过程中侦查机关的讯问权力与犯罪嫌疑人的防御性权利应是一种对等关系，犯罪嫌疑人的知情权对于侦查机关来说就是告知的义务，是不可推卸的职责。然而，从实践效果来看，侦查讯问中对犯罪嫌疑人知情权的保障力度不尽如人意，主要表现在，少数侦查人员不愿意告知犯罪嫌疑人涉嫌的罪名，特别是在侦查的初期，以及少数侦查人员往往想方设法隐蔽关键证据。因此有必要在侦查理念、告知程序、责任机制等方面进一步保障犯罪嫌疑人在侦查讯问过程中的知情权。

3. 不被强迫自证其罪的权利

我国《刑事诉讼法》第52条规定了不得强迫任何人证实自己有罪，[1]即侦查机关不得以强制程序或者强制方法迫使任何人供认自己的罪行或者接受刑事审判时充当不利于自己的证人，任何人对可能使自己受到刑事追诉的事项有权不向侦查机关陈述。这既是对侦查讯问权的规制，也是法律赋予犯罪嫌疑人的权利，同时我国《刑事诉讼法》第120条规定，犯罪嫌疑人对侦查人员的提问，应当如实回答。但是对与本案无关的问题，有拒绝回答的权利。反对强迫自证其罪在我国《刑事诉讼法》中的定位是一项法律原则，禁止的是追诉机关视被追诉人为"证据来源"，禁

---

[1] 我国《刑事诉讼法》第52条规定："审判人员、检察人员、侦查人员必须依照法定程序，收集能够证实犯罪嫌疑人、被告人有罪或者无罪、犯罪情节轻重的各种证据。严禁刑讯逼供和以威胁、引诱、欺骗以及其他非法方法收集证据，不得强迫任何人证实自己有罪。必须保证一切与案件有关或者了解案情的公民，有客观地充分地提供证据的条件，除特殊情况外，可以吸收他们协助调查。"

止追诉机关将讯问犯罪嫌疑人作为收集有罪证据的基本手段，而并非禁止追诉机关讯问犯罪嫌疑人。享有沉默权应是反对强迫自证其罪原则的一种实现形式，只是我国的沉默权是一种默示权利。

犯罪嫌疑人保持沉默的权利是现代侦查讯问制度为保护其供述的自愿性所设置的，也是现代法治国家落实人权保障的主要措施之一，同时可以在一定程度上起到制约侦查机关侦查讯问权力不当扩张的效果。即使不考虑犯罪嫌疑人究竟是否有罪，单从实践效果来看，将犯罪嫌疑人所作的陈述与已经取得的证据作比较，也会对侦破案件有一定帮助。任何人不受强迫自证其罪原则是正当法律程序的当然要求，犯罪嫌疑人、被告人在可能导致自证有罪时，享有拒绝陈述的权利。其实，即使立法没有赋予犯罪嫌疑人保持沉默的权利，犯罪嫌疑人在接受讯问的过程中仍然可能在事实上保持沉默，被告人没有义务为追诉方向法庭提出任何可能使自己陷入不利境地的陈述和其他证据，追诉方不得采取任何非人道或者有损被告人人格尊严的方法强迫其就某一案件事实作出供述或者提供证据。犯罪嫌疑人有权拒绝回答侦查人员的讯问，有权在讯问中始终保持沉默，司法警察、检察官或者法官应及时告知犯罪嫌疑人、被告人享有此项权利，法官不得因被告人沉默而使其处于不利的境地或作出对其不利的裁判。犯罪嫌疑人、被告人有权就案件事实作出有利或不利于自己的陈述,但这种陈述必须出于真实的意愿,并在可以意识到其行为后果的情况下做出,法院不得把非出于自愿而是迫于外部强制或压力所作出的陈述作为定案的根据。[1]国际准则方面,《公民权利及政治权利国际公约》第14条第3款规定任何人不被强迫作不利于他自己的证言或者强迫承认犯罪。可见,国际公约规定的权利内容是,拒绝提供不利于自己的证言或拒绝承认犯罪的权利。我国《刑事诉讼法》规定的不得强迫自证其罪原则,赋予了犯罪嫌疑人在讯问过程中不受强迫的权利以及自愿陈述的权利。这可以在很大程度上舒缓犯罪嫌疑人在接受讯问过程中对陈述与否的心理压力,可以更好地保护犯罪嫌疑人陈述的自愿性,这种权利已成为犯罪嫌疑人享有的合法权利,避免了犯罪嫌疑人因面对讯问保持沉默而受到不利推论。另外,在讯问程序开始之前,侦查人员有义务告知犯罪嫌疑人享有的诉讼权利,以及如实供述自己罪行可以从宽处理和认罪认罚的法律规定,这才能保证被追诉人在作出陈述与否的决定时是理智的。

4. 其他防御性权利

权利救济是公民所享有的一项防御性权利,是积极性权利。我国《刑事诉讼法》第29条规定了犯罪嫌疑人申

---

[1] 宋英辉、吴宏耀:《任何人不受强迫自证其罪原则及其程序保障》,载《中国法学》1999年第2期。

请回避的权利。[1]此外,《刑事诉讼法》还规定了以下防御性权利认为采取的强制措施不当或者不适宜继续羁押的,有申请变更强制措施的权利;[2]对讯问笔录提出异议的权利;[3]对办案人员侵犯其诉讼权利和人身侮辱的行为提出控告的权利。[4]相对于获得律师帮助的权利、不被强迫自证其罪的权利而言,犯罪嫌疑人的这些防御权的对抗性相对较弱。但即便如此,也不能否定这些防御性权利存在的必要性。这些权利存在的意义在于维护犯罪嫌疑人在侦查阶段的诉讼权利,保证其救济权的行使。救济权本身具有一定的滞后性,往往在权利被侵害之后才发生作用,

---

[1] 我国《刑事诉讼法》第29条规定:"审判人员、检察人员、侦查人员有下列情形之一的,应当自行回避,当事人及其法定代理人也有权要求他们回避:(一)是本案的当事人或者是当事人的近亲属的;(二)本人或者他的近亲属和本案有利害关系的;(三)担任过本案的证人、鉴定人、辩护人、诉讼代理人的;(四)与本案当事人有其他关系,可能影响公正处理案件的。"

[2] 我国《刑事诉讼法》第97条规定:"犯罪嫌疑人、被告人及其法定代理人、近亲属或者辩护人有权申请变更强制措施。人民法院、人民检察院和公安机关收到申请后,应当在三日以内作出决定;不同意变更强制措施的,应当告知申请人,并说明不同意的理由。"

[3] 我国《刑事诉讼法》第122条规定:"讯问笔录应当交犯罪嫌疑人核对,对于没有阅读能力的,应当向他宣读。如果记载有遗漏或者差错,犯罪嫌疑人可以提出补充或者改正。犯罪嫌疑人承认笔录没有错误后,应当签名或者盖章。侦查人员也应当在笔录上签名。犯罪嫌疑人请求自行书写供述的,应当准许。必要的时候,侦查人员也可以要犯罪嫌疑人亲笔书写供词。"

[4] 我国《刑事诉讼法》第14条第2款规定:"诉讼参与人对于审判人员、检察人员和侦查人员侵犯公民诉讼权利和人身侮辱的行为,有权提出控告。"

但依然具有一定的修复以及监督功能,是犯罪嫌疑人在侦查阶段落实防御性权利的有效补充。刑事诉讼中的救济权不仅是其他权利实现的保障,救济权本身也具有可主张性,这是因为救济权本身也可能受到侵犯或者随时处在受侵犯的威胁中。当救济权被剥夺或者侵害,权利人有权就救济权被侵犯向有关机关提出主张,这时候就出现了"对救济权的救济"。强化犯罪嫌疑人的防御性权利是控辩平等的要求。然而可以预见的是,在未建立基本的救济机制的情况下,继续扩大权利的外延范围,最多只能达到在法律文本上列举更多"权利条款"的效果,而不会带来法治环境和法治效果的实质性改善。随着法治进程不断深入,无论在法学理论的研究还是司法实务的实践中,重心正在由关注静态意义的立法以及相关理论的研究向着动态意义的法律运行以及法治实践转移,而侦查讯问过程中犯罪嫌疑人防御性权利的落实正是当前刑事司法法治化关注的重点。

(三)侦查讯问程序条件

程序的价值在于公平、参与和尊重人格尊严,通过对国家权力的约束和制约来保障权利。出于对公共利益的考虑,国家权力依旧对个人权利进行必要的干预,但这种干预是有限度的。根据矛盾规律,所有的权利都伴随着一种不言而喻的资格或是权限,对实际上可能侵犯权利的任何人施加强制。[1]程序规则为相关角色设定行为模式,通过规定相应主体作出行为时所应具备的条件以及应采取的顺序、方式等,实现行为的规范化和秩序化。[2]

1. 侦查讯问程序的启动

行使权力的主体往往掌握启动权力的主动权,并且立法上一般首先规定权力主体的范围以及权力启动的方式。实践中侦查讯问一般由负责案件前期侦查的侦查人员直接进行,并且针对案件的复杂程度、讯问难度,决定是否采用讯问小组的形式进行讯问。根据我国《刑事诉讼法》以及《公安机关办理刑事案件程序规定》的要求,侦查讯问应当首先介绍身份,说明讯问的理由,其次告知犯罪嫌疑人享有的诉讼权利与义务,之后查明犯罪嫌疑人基本情况,询问有无犯罪行为并听取犯罪嫌疑人的陈述。侦查阶段涵盖自案发到侦查机关介入的过程、对作案手段的分析研判的过程、积累案件线索的过程、抓获犯罪嫌疑人的过程以及预审过程。预审环节中侦查人员与犯罪嫌疑人直接面对面,是对前期环节的整理和检验。可见,侦查讯问程序的启动是从预审活动开始的,也是侦查阶段最为重要的环节。

---

[1] [德] 康德:《法的形而上学原理——权利的科学》,沈叔平译,商务印书馆1991年版,第42页。

[2] 宋显忠、刘怡:《程序与程序保障》,载《吉林公安高等专科学校学报》2006年第5期。

2. 关于讯问的时间、地点

从时间和空间上对侦查讯问活动进行规制有利于讯问的顺利推进，并且讯问的时间、地点会对犯罪嫌疑人的供述心理以及供述的自愿性产生影响。司法实践表明，讯问环境是对讯问的结构性制约。讯问时间既包括讯问的开始时间也包括讯问的持续时间。我国《刑事诉讼法》第86条规定："公安机关对被拘留的人，应当在拘留后的二十四小时以内进行讯问。在发现不应当拘留的时候，必须立即释放，发给释放证明。"《刑事诉讼法》第94条规定："人民法院、人民检察院对于各自决定逮捕的人，公安机关对于经人民检察院批准逮捕的人，都必须在逮捕后的二十四小时以内进行讯问。在发现不应当逮捕的时候，必须立即释放，发给释放证明。"该法第119条第2款规定："传唤、拘传持续的时间不得超过十二小时；案情特别重大、复杂，需要采取拘留、逮捕措施的，传唤、拘传持续的时间不得超过二十四小时。"上述条文既规定了讯问开始的时间，也对讯问的持续时间做了限制。《刑事诉讼法》第119条第3款规定："不得以连续传唤、拘传的形式变相拘禁犯罪嫌疑人。传唤、拘传犯罪嫌疑人，应当保证犯罪嫌疑人的饮食和必要的休息时间。"该法第166条规定："人民检察院对直接受理的案件中被拘留的人，应当在拘留后的二十四小时以内进行讯问。在发现不应当拘留的时候，必须立即释放，发给释放证明。"《公安机关办理刑事案件程序规定》第 201 条规定："传唤、拘传、讯问犯罪嫌疑人，应当保证犯罪嫌疑人的饮食和必要的休息时间，并记录在案。"对讯问时间进行限制，既有利于保证讯问方式的公正、人道，也有助于保障被追诉人有罪供述的自愿性。

我国《刑事诉讼法》第 85 条第 2 款规定："拘留后，应当立即将被拘留人送看守所羁押，至迟不得超过二十四小时。除无法通知或者涉嫌危害国家安全犯罪、恐怖活动犯罪通知可能有碍侦查的情形以外，应当在拘留后二十四小时以内，通知被拘留人的家属。有碍侦查的情形消失以后，应当立即通知被拘留人的家属。"该法第 118 条第 2 款规定："犯罪嫌疑人被送交看守所羁押以后，侦查人员对其进行讯问，应当在看守所内进行。"《公安机关办理刑事案件程序规定》第 198 条第 2 款规定："对于已送交看守所羁押的犯罪嫌疑人，应当在看守所讯问室进行讯问。"看守所是羁押依法被逮捕、刑事拘留的犯罪嫌疑人的机关，任务是依据国家法律对被羁押的犯罪嫌疑人实行武装警戒看守，保障安全、对犯罪嫌疑人进行教育、管理犯罪嫌疑人的生活和卫生以及保障侦查、起诉和审判工作的顺利进行。在看守所机构隶属上，以县级以上的行政区域为单位设置，由本级公安机关管辖。当前我国的审前羁押统一由看守所执行，看守所监管直接服务于刑事侦查工作的需要，其对

第二章 现行侦查讯问制度逻辑与体系

犯罪嫌疑人的羁押在于控制犯罪嫌疑人的社会危险性，并辅助司法机关履行诉讼职能。但从看守所与公安机关的隶属关系看，由于其缺乏中立性，很难发挥制约侦查权的作用。看守所是侦查讯问阶段收集证据的核心场所，但不是唯一场所。正如我国《刑事诉讼法》第 119 条规定，对不需要逮捕、拘留的犯罪嫌疑人，可以传唤到犯罪嫌疑人所在市、县内的指定地点或者到他的住处进行讯问，以及《公安机关办理刑事案件程序规定》第 78 条第 1 款规定，"公安机关根据案件情况对需要拘传的犯罪嫌疑人，或者经过传唤没有正当理由不到案的犯罪嫌疑人，可以拘传到其所在市、县公安机关执法办案场所进行讯问"。该规定第 198 条第 4 款明确，"对于不需要拘留、逮捕的犯罪嫌疑人，经办案部门负责人批准，可以传唤到犯罪嫌疑人所在市、县公安机关执法办案场所或者到他的住处进行讯问"。讯问地点影响到犯罪嫌疑人在生理、心理上遭受不当折磨或损害的可能性，世界上多数国家都对其作出明确规定。因为犯罪嫌疑人被直接控制在"有所求"的侦查人员手中，有可能导致非法讯问行为的发生。司法实践表明，环境可以减轻或加重人们的精神压力，讯问地点同样可以影响犯罪嫌疑人的供述心理，对讯问地点的规定应当尽可能降低致使犯罪嫌疑人非自愿供述的可能性。

3. 关于对侦查讯问的监督

无论是处于何种社会阶段的公权力，基于其权力滥用的风险，或多或少地都需要一定的监督和制约。监督是权力正确运行的根本保证，应运用法治思维依法设定权力、规范权力、制约监督权力。形成严密的法治监督体系是建设中国特色社会主义法治体系过程中的重要一环，应加强对行政权力的监督制约，形成相辅相成的监督体系。《公安机关办理刑事案件程序规定》第7条第2、3款规定，在刑事诉讼中，上级公安机关发现下级公安机关作出的决定或者办理的案件有错误的，有权予以撤销或者变更，也可以指令下级公安机关予以纠正。下级公安机关对上级公安机关的决定必须执行，如果认为有错误，可以在执行的同时向上级公安机关报告。这是对公安机关内部监督的规定，检察机关作为法定监督机关，对侦查讯问的监督发挥主要作用。

我国侦查机关与检察机关之间在原则性制度设计上的相互关系影响着我国刑事诉讼的运行状态。综观世界各国刑事司法模式，尽管表现形式略有不同，但检察官在侦查以及公诉阶段仍然处于核心地位。正因为检察官在整个侦查、公诉程序中的主导作用，检察官与承担侦查职能的警察之间并非一种平等独立的关系性质，而是属于一种指挥与被指挥、监督与被监督的关系。[1]在我国，检察机关是

---

[1] 黄东熊：《刑事诉讼法论》，三民书局1995年版，第106页。

法律监督机关,与行政机关具有同等的法律地位,彼此之间不存在行政上的隶属关系。从现行法律规定上看,根据《宪法》以及《刑事诉讼法》的规定,侦查机关与检察机关是分工负责、互相配合、互相制约的关系。分工负责是指两机关依据法律规定在法定范围内行使职权,不允许互相取代或者超越职权范围行使职权。互相配合是由行为目的的一致性决定的,两机关在刑事诉讼活动中应在分工负责的基础上彼此配合,不能互相拆台。互相制约是指在刑事诉讼中为防止权力滥用及违法现象的发生而必须存在制约关系。[1]然而由于法律规定二者的关系过于原则,导致实践中出现了诸多严重问题,无形中造成实践中过多地强调了二者的独立性,分工被强调得多了,配合体现得自然就少了。另外制约仍然不足,表现为有些案件检察机关未对案件充分审查就作出批准逮捕的决定,以至于制约的纠错目的无法实现。同时也存在二者配合有余,但检察机关对于公安机关的违法行为不愿制约、怠于制约的现象,这也足以导致检察监督纠错目的无法落实。检察机关的本质特点是法律监督,司法属性和行政属性都只是检察权的局部特征。[2]检察机关拥有监督行政执法和审判活动的权

---

[1] 陈卫东:《转型与变革:中国检察的理论与实践》,中国人民大学出版社2015年版,第262页。
[2] 龙宗智:《论检察权的性质与检察机关的改革》,载《法学》1999年第10期。

力,更加突出的是其法律监督属性。

在对侦查讯问的监督方面,检察机关行使对侦查活动的法律监督职能。2001年起,全国检察机关开展检察引导侦查的改革,介入公安机关重大疑难案件的侦查活动。从实践效果来看,对于规范侦查机关的取证行为,防范冤假错案起到了积极作用。虽然《刑事诉讼法》赋予检察机关对侦查活动的羁押必要性审查以及审查逮捕犯罪嫌疑人的权力,然而由于检察机关不直接参与公安机关的侦查活动,监督的及时性仍然不足,具有滞后性。从法律规定上看,检察机关启动对侦查讯问活动的监督可以是自发启动,也可以被动启动。关于对侦查人员收集证据的方式进行监督,《刑事诉讼法》第57条规定:"人民检察院接到报案、控告、举报或者发现侦查人员以非法方法收集证据的,应当进行调查核实。对于确有以非法方法收集证据情形的,应当提出纠正意见;构成犯罪的,依法追究刑事责任。"以及第175条第1款规定:"人民检察院审查案件,可以要求公安机关提供法庭审判所必需的证据材料;认为可能存在本法第五十六条规定的以非法方法收集证据情形的,可以要求其对证据收集的合法性作出说明。"

出于侦查办案的需要,公安机关有权对犯罪嫌疑人适用强制措施,为保障刑事诉讼的顺利进行,往往需要对犯罪嫌疑人的人身自由进行限制或者剥夺。从立法目的上看,侦查机关限制或剥夺犯罪嫌疑人的人身自由应当以保障诉讼活动的顺利进行为必要。然而实践中侦查阶段强制措施的使用时常超过必要限度，比如存在以捕代侦、超期羁押等情况，基于此更有必要对侦查机关适用强制措施进行监督。《刑事诉讼法》第100条规定："人民检察院在审查批准逮捕工作中，如果发现公安机关的侦查活动有违法情况，应当通知公安机关予以纠正，公安机关应当将纠正情况通知人民检察院。"

（四）侦查讯问程序规制

权力运行模式蕴含权力与权利之间的平衡关系，存在集权与分权、制度化与人格化以及权力的强化与监督三个层面的博弈。无论从学理上抑或是司法实践上看，侦查讯问无疑具有较强的追诉倾向，这种旧有的传统司法观念有碍于无罪推定原则的落实。与此相伴而生的，则是影响侦查人员取证方式选择的有罪推定观念。司法实践经验表明，由于尽快取得犯罪嫌疑人口供的侦查心理的利益驱使，少数侦查人员往往会采取各种方法迫使或诱使犯罪嫌疑人作出供述，即使在法律赋予犯罪嫌疑人不被强迫自证其罪权利的背景下，少数侦查人员也可能迫使或诱使犯罪嫌疑人放弃保持沉默的权利。为了避免侦查人员采用不当的讯问方法获得犯罪嫌疑人的陈述，同时保障犯罪嫌疑人陈述的自愿性，有必要对侦查机关的讯问行为进行规制。

从世界范围来看也是如此，英美法系国家基于其当事人主义的理念，强调犯罪嫌疑人到案的自愿性，而大陆法系国家一般明确规定禁止使用的讯问方法，目的是保障犯罪嫌疑人陈述的自愿性。如德国《刑事诉讼法》规定，对于被指控人决定和确认自己意志的自由，不允许用虐待、疲劳战术、伤害身体、服用药物、折磨、欺诈或者催眠等方法予以侵犯；只允许在刑事诉讼法准许的范围内实施强制；禁止以刑事诉讼法的不准许的措施相威胁，禁止以法律没有规定的利益相许诺；禁止使用有损被指控人记忆力、理解力的措施。再如意大利刑事诉讼法律也对讯问的一般规则作了规定，即明确要求不得使用足以影响被讯问者自主回答能力或者改变其记忆和评价事实的能力的方法或技术进行讯问，即便被讯问者表示同意。[1]讯问活动是侦查程序的必经阶段，犯罪嫌疑人的陈述主要功能在于辅助查明案件事实，而不是查明案件事实的唯一途径，并且获得的被追诉人陈述本身也不应直接产生任何的实体法效果。

1. 侦查讯问取证原则

侦查讯问活动应坚持重证据、重调查研究、不轻信口供的原则。我国《刑事诉讼法》第55条第1款规定："对

---

〔1〕［法］卡斯东·斯特法尼等著：《法国刑事诉讼法精义》（下），罗结珍译，中国政法大学出版社1999年版，第565页。

第二章 现行侦查讯问制度逻辑与体系

一切案件的判处都要重证据，重调查研究，不轻信口供。只有被告人供述，没有其他证据的，不能认定被告人有罪和处以刑罚；没有被告人供述，证据确实、充分的，可以认定被告人有罪和处以刑罚。"我国古代存在无供不录案的诉讼文化，犯罪嫌疑人、被告人在诉讼中诉讼主体的地位较为弱化，被认为只是讯问的对象。在当前的刑事司法语境下，法律赋予了犯罪嫌疑人、被告人诉讼主体地位，但由于旧有的口供情结，侦查办案仍可能以口供为中心展开。在几种法定证据形式中，口供仍然利用率较高，并被作为认定案件的主要依据之一，相对而言，物证、书证等客观证据的收集通常也依赖口供的获取。实践表明，口供中心主义一定程度上虽能带来办案效率的提高，但却使诉讼构造发生了异化，并加大了酿成冤假错案的可能性。本条文的规定是我国《刑事诉讼法》对证据运用的一项指导性原则，同时也是侦查讯问活动中收集证据、审查证据应当遵守的原则，侦查讯问行为受该原则的指导。然而该原则的落实情况却不尽人意，少数侦查人员往往忽视证据和调查研究而表现出对口供的偏爱，甚至极少数情况下，为了获取犯罪嫌疑人的口供，选择采用非法取证手段并将注意力集中在犯罪嫌疑人的有罪供述上，忽视对犯罪嫌疑人有罪供述的鉴别和审查以及对口供以外的其他证据的收集。侦查讯问实践中对口供的轻信对于保障犯罪嫌疑人的合法权益来说会具有潜在危害。重证据指的是重视收集犯罪嫌疑人、被告人口供以外的证据,慎重对待口供,并不得以非法的方法获取口供。调查研究是形成正确认识的基础,犯罪嫌疑人口供具有主观性、不稳定性,需要与其他证据综合验证,应当尤其注重对犯罪嫌疑人口供的调查研究,可以说"重证据,不轻信口供"的落实是以重调查研究为基础的。

另外,侦查讯问活动还应坚持全面收集证据的原则。长期以来出于惩罚犯罪的需要,我国刑事司法实践中偏重对犯罪嫌疑人有罪证据的收集,相对忽视对犯罪嫌疑人有利的证据的收集。在侦查人员收集证据的过程中往往会同时触及对犯罪嫌疑人有利和不利的证据,只是在少数情况下,基于对尽快破案的期待以及有罪推定的惯性心理,使得少数侦查人员可能会对犯罪嫌疑人有利的证据隐蔽不提,导致证据收集范围的不平衡,不利于控辩双方平等对抗。这种对抗的不平等性直接产生于侦查讯问阶段,但从结果意义上说却可能直接对审判发生负面影响。控辩平等这一刑事诉讼模式既体现程序性价值也体现实体价值,实现控辩平等应落实在刑事诉讼活动的各阶段,尤其在侦查讯问环节。侦查讯问环节是侦查阶段的核心组成部分,保障侦查讯问环节控辩双方的对抗性是实现控辩平等的前提。从方法论上看,落实侦查讯问阶段控辩平等对抗就要求在收集证据的范围上同时收集对犯罪嫌疑人有利的和不利的证据。我国《刑事诉讼法》第52条规定,审判人员、检察人员、侦查人员必须依照法定程序,收集能够证实犯罪嫌疑人、被告人有罪或者无罪、犯罪情节轻重的各种证据。该法第115条规定,公安机关对已经立案的刑事案件,应当进行侦查,收集、调取犯罪嫌疑人有罪或者无罪、罪轻或者罪重的证据材料。第41条规定,辩护人认为在侦查、审查起诉期间公安机关、人民检察院收集的证明犯罪嫌疑人、被告人无罪或者罪轻的证据材料未提交的,有权申请人民检察院、人民法院调取。

刑事诉讼的证据问题是认定被追诉人刑事责任的关键,从相关规定可以看出,侦查人员收集证据的范围既包括有罪证据,也包括无罪证据,然而立法更多关注的是对犯罪嫌疑人有罪证据的收集,对收集能够证明犯罪嫌疑人无罪的证据的程序缺乏规定,尤其在实践当中更容易忽视对犯罪嫌疑人有利的证据的收集。全面收集证据原则不仅是对收集证据的范围即既收集控诉证据也收集辩护证据的要求,也要求即使在犯罪嫌疑人的犯罪情形不存在法定的从轻、减轻、免除刑罚处罚的情况下,办案人员也应当在收集证据的过程中收集能够从轻、减轻、免除刑罚处罚的辩护证据。从功能意义上看,全面收集证据也是增强侦查权威性、公信力的要求。在有关讯问内容的规定上也体现了全面收集证据的原则。《刑事诉讼法》第120条规定，侦查人员在讯问犯罪嫌疑人的时候，应当首先讯问犯罪嫌疑人是否有犯罪行为，让他陈述有罪的情节或者无罪的辩解，然后向他提出问题。就侦查机关本身的职能看，基于控诉职能收集对犯罪嫌疑人不利的证据，而收集对犯罪嫌疑人有利的证据属于保护职能的行使范畴。从我国刑事诉讼法保障人权的目的出发，司法机关既承担控诉职能，也承担保护职能。

2. 禁止非法取证

惩罚犯罪意味着侦查机关要依照《刑事诉讼法》规定的程序准确、及时地查清犯罪事实，全面地收集和固定犯罪证据。但司法实践中，由于案情复杂、期限固定，侦查人员一般会选择成本最低、效率最高的侦查手段，这就有超越权力的界限、侵犯犯罪嫌疑人基本权利的倾向。实现保障人权的目的要求公权力机关在刑事诉讼程序中尽可能尊重和保障公民的基本人权，尤其不能将犯罪嫌疑人视为侦查客体，不能通过侵犯犯罪嫌疑人和被告人的人身权利、人格尊严、隐私权和财产权来收集证据、获取线索。

惩罚犯罪与保障人权两者的交集集中体现于刑事诉讼的证据领域，即要解决侦查机关通过非法手段获取的证据能否在审判中使用的问题。《刑事诉讼法》第52条规定："审判人员、检察人员、侦查人员必须依照法定程序，收集

第二章　现行侦查讯问制度逻辑与体系

能够证实犯罪嫌疑人、被告人有罪或者无罪、犯罪情节轻重的各种证据。严禁刑讯逼供和以威胁、引诱、欺骗以及其他非法方法收集证据，不得强迫任何人证实自己有罪。必须保证一切与案件有关或者了解案情的公民，有客观地充分地提供证据的条件，除特殊情况外，可以吸收他们协助调查。"另外，该法第 56 条第 1 款[1]、第 175 条 1 款[2]界定了非法言词证据和非法实物证据的概念和范围并规定对于非法言词证据应当严格排除，对于非法实物证据应当裁量排除。

法官适用非法证据排除规则的前提是准确地识别和判断何种证据属于"非法证据"。在我国，一般认为"非法证据"有广义和狭义之分。在传统刑事诉讼教科书中，非法证据的含义是与证据的合法性紧密联系在一起的，我国的刑事诉讼和证据理论认为证据具有客观性、关联性和合法性三种基本属性。证据的合法性要求：①证据必须具有法律规定的形式和由法定人员依照法定程序收集、运用；②证据必须具有合法的形式；③证据必须有合法的来源；

---

[1] 我国《刑事诉讼法》第 56 条第 1 款规定："采用刑讯逼供等非法方法收集的犯罪嫌疑人、被告人供述和采用暴力、威胁等非法方法收集的证人证言、被害人陈述，应当予以排除。收集物证、书证不符合法定程序，可能严重影响司法公正的，应当予以补正或者作出合理解释；不能补正或者作出合理解释的，对该证据应当予以排除。"

[2] 我国《刑事诉讼法》第 175 条第 1 款规定："人民检察院审查案件，可以要求公安机关提供法庭审判所必需的证据材料；认为可能存在本法第五十六条规定的以非法方法收集证据情形的，可以要求其对证据收集的合法性作出说明。"

④证据必须经法定程序查证属实。[1]广义的非法证据实际上也就是指那些不合法的证据,包括主体不合法的证据、形式不合法的证据、程序不合法的证据和方法、手段不合法的证据。[2]对于广义的非法证据,法官可以选择不同的处理方式:对于那些来源不合法的证据,例如公安机关在立案前通过初查而获取的证据和证人违背传闻证据规则而作出的证言,[3]法官可以选择不予采信;对于那些取证方法和程序不合法的证据,法官可以选择排除。广义上的非法证据排除规则实际上是法官依照证据的可采性规则审查判断证据的合法性,以决定是否采纳并采信该证据。中外刑事诉讼皆有此概念,只是表述方式有所差异,例如在非法证据排除规则的诞生地美国也有排除规则(exclusionary rule)的概念,其是指任何可以排除或废止证据的规则,是包括传统的传闻证据排除规则在内的一系列证据法领域内的排除规则,因此也可称为证据排除规则。[4]

---

[1] 杨宇冠:《非法证据排除规则研究》,中国人民公安大学出版社2002年版,第218~219页。

[2] 张军主编:《刑事证据规则理解与适用》,法律出版社2010年版,第290页。

[3] 根据我国《刑事诉讼法》的规定,在侦查之前还有独立的立案阶段,人民法院、人民检察院或者公安机关在立案阶段需要对报案、控告、举报和自首材料按照管辖范围进行审查,认为有犯罪事实需要追究刑事责任的应当立案。实践中,公安机关在立案之前也会采取一定的初查措施,已核实证据并判断是否有犯罪事实。

[4] See Black's Law Dictionary 8th ed. 2004, p. 1706.

第二章 现行侦查讯问制度逻辑与体系

狭义的非法证据是广义非法证据概念的组成部分之一，仅强调那些通过非法的方法、手段而获得的证据。从刑事程序的角度出发，此概念意指排除或废止因侵犯被控诉人宪法权利而获取的证据的规则，[1]即非法取得的证据不能在刑事程序中使用的规则[2]。由于狭义上的非法证据与被控诉人的宪法权利直接相关，非法证据排除规则除作为一种证据规则帮助法官审查判断证据之外，还具有平衡打击犯罪和保障人权，有效遏制侦查人员刑讯逼供等非法取证行为的效果。我国"非法证据"的含义经历了从广义到狭义的发展演变过程，这既反映出理论界和实务界对非法证据排除规则的认识和理解日渐深入，另一方面也折射出对"非法"二字的界定由宽泛到缩窄，最终限定在公安机关办理一般刑事案件和检察机关办理自侦案件时侦查人员非法获取证据的行为。非法取证行为之所以具有"非法性"，关键在于其侵犯了公民的宪法性权利。笔者认为公民所享有的宪法性权利包括两类：①公民所享有的宪法所保障的实体性权利，主要包括公民的人身权、财产权和隐私权等，这类实体性权利已经得到国际社会和一系列国际公约的确认，如《禁止酷刑和其他残忍、不人道或有辱人格的待遇或处罚公约》第 1 条和第 15 条以及《欧洲人权公约》第 3

---

[1] See Black's Law Dictionary 8th ed. 2004, p. 1706.
[2] See Oran's Dictionary of the Law 3rd ed. 2000, p. 180.

条和第 8 条等。②公民所享有的宪法所保障的程序性权利，亦即公民参与刑事诉讼所享有的基本诉讼权利，包括无罪推定权、沉默权、辩护权、获得法律援助的权利、不受不合理羁押的权利以及与不利于自己的证人对质的权利等。如《欧洲人权公约》第 6 条中"获得公正审判的权利"和第 2 项、第 3 项的规定，再如美国宪法修正案第 5 条规定的"被告人享有的正当程序权利"等。所有通过侵犯这些基本权利而获取的证据都应当认为是非法证据，而获取这些非法证据的手段则是非法取证行为。

司法实践中，侦查机关和侦查人员在办理刑事案件的过程中违反侦查程序，进行非法取证的情况偶有发生。近些年曝光的冤假错案中最为严重的非法取证手段是刑讯逼供行为。除此之外还有不出示搜查证、不聘请见证人的非法搜查行为，对与犯罪无关的个人财产和家庭财产进行搜查、扣押、冻结，超期羁押、变相羁押等常见的非法取证行为。原因在于：①侦查权力过大。在刑事诉讼中，侦查权能够剥夺公民人身权利、财产权利，而公民却缺乏有效的救济途径，导致侦查机关的权力过分扩张。②警检配合制约不充分。实践中存在部分公安机关只考虑是否破案，而不是从追究刑事责任的标准，从检察机关是否诉得出去，法院是否判得出去等更为高层次的要求角度考虑。③侦查中存在非法取证、羁押率高的现象。④侦查中的辩护进展

第二章 现行侦查讯问制度逻辑与体系

相对艰难。

非法取证行为常常表现为：①侦查人员非法讯问犯罪嫌疑人，非法询问证人和被害人。侦查机关实施此类非法取证行为旨在获取犯罪嫌疑人的口供、证人证言和被害人陈述，实践中最为常见的是"由供到证"。[1] ②侦查机关非法进行的勘验、检查、搜查、扣押等措施。在司法实践中，侦查人员一般是通过勘验、检查、搜查、扣押等侦查措施收集和固定物证、书证等实物证据的。③侦查机关违法适用强制措施。强制措施即公安机关、人民检察院和人民法院为了保证刑事诉讼的顺利进行，而依法对刑事案件的犯罪嫌疑人、被告人的人身自由采取限制或者剥夺的各种强制性方法。[2]

就非法取证的法律后果而言，非法证据分为非法的言词证据和非法的实物证据，并以此决定证据是否应当被排除。非法的言词证据包括犯罪嫌疑人、被告人供述和证人证言、被害人陈述两类。依照狭义非法证据的定义，非法的言词证据应当专指犯罪嫌疑人、被告人的供述。非法的

---

[1] "由供到证"是指侦查人员在对案件进行侦查时，首先考虑的是如何取得犯罪嫌疑人的有罪供述或者犯罪线索，其次是围绕该有罪供述和犯罪线索搜查或扣押与案件有关的实物证据，最后形成完整的证据链，证据链的首段始于犯罪嫌疑人的供述。与此相对的是"由证到供"，即侦查人员先通过其他侦查措施获取一定的案件证据，在此基础上通过讯问犯罪嫌疑人取得有罪供述，形成完整的证据链。

[2] 陈卫东主编：《刑事诉讼法》，中国人民大学出版社2004年版，第195页。

实物证据只包括物证和书证两类，范围相对狭窄。保障人身权利、人格尊严和隐私权已成为各国刑事诉讼程序设立和发展的目的之一，主要面对和解决的问题是如何有效遏制刑讯逼供，实质上就是禁止酷刑的问题，而证据排除是一个更为复杂的问题，是否排除某一非法证据以及为什么要排除某一非法证据则与各国的诉讼模式、刑事政策和价值选择有密切的关系。我国刑事诉讼中对非法证据的排除，主要集中在对第一手非法证据的排除，《刑事诉讼法》《关于办理死刑案件审查判断证据若干问题的规定》《关于办理刑事案件排除非法证据若干问题的规定》《人民检察院刑事诉讼规则》《公安机关办理刑事案件程序规定》等法律法规都对不能作为定案依据证据的内涵、非法证据排除和排除非法言词证据原则作了规定。在刑事诉讼惩罚犯罪与保障人权的价值天平上，保障人权的砝码应该更重一些。犯罪嫌疑人受到刑讯逼供后所作有罪供述的"毒树之果"，应当被自动排除。如果"毒树之果"被采纳，势必成为侦查人员非法取证且积极运用非法证据作为破案线索的"尚方宝剑"。如果不予以排除，非法证据排除规则便形同虚设。但犯罪嫌疑人在法庭审判过程中自愿认罪并做有罪供述的情况除外。因为犯罪嫌疑人此时已经脱离侦查阶段，是在中立无偏私的法官面前自愿作出的有罪供述。无论毒树所衍生的证据是言词证据抑或实物证据，对于侵犯了犯罪嫌疑人基本权利的非法证据，应当自动排除，对于侵犯了犯罪嫌疑人诉讼权利的非法证据，应当由法官裁量排除。

3. 权利告知义务

讯问犯罪嫌疑人，一方面有利于查明犯罪事实，扩大收集证据的线索，发现新的犯罪和其他应当追究刑事责任的犯罪分子，另一方面可以通过听取犯罪嫌疑人的申辩，保证无罪的人和其他依法不应追究的人不受刑事追究。侦查讯问的进行要严格遵循法定的诉讼程序，与英美法系和大陆法系国家侦查讯问普遍具有的任意性特征不同，我国侦查讯问相对而言具有一定的强制性特征。侦查讯问活动中讯问人员的权利告知义务与犯罪嫌疑人享有的知情权相对应。《刑事诉讼法》第120条第2款规定："侦查人员在讯问犯罪嫌疑人的时候，应当告知犯罪嫌疑人享有的诉讼权利，如实供述自己罪行可以从宽处理和认罪认罚的法律规定。"尽管法律规定嫌疑人有权拒绝回答与本案无关的问题，但是否与本案无关也是由侦讯人员判断和决定的。根据现行法律规范，除未成年人和生理有缺陷的人在接受讯问时可以由其监护人或通晓聋、哑手势的人在场外，对其他犯罪嫌疑人的讯问在构造上均是一种侦讯者和应讯者的"两方组合"，犯罪嫌疑人聘请的律师无权参与，我国侦查讯问程序相较而言还具有一定的封闭性特征。为了侦讯的顺利开展，确需向接受讯问的犯罪嫌疑人讲明配合侦讯可能在量刑上获得的优待，以及消极和对抗可能产生的不利后果。

4. 录音录像制度

自英国 1995 年建立讯问犯罪嫌疑人录音录像制度以来，该制度就在世界范围内广受欢迎，许多国家和地区纷纷确立该制度，意图以此遏制侦查讯问中的刑讯逼供等问题。在我国，侦查讯问录音录像制度同样受到法学界以及法律实务部门的高度推崇，建立侦查讯问录音录像制度是遏制刑讯逼供等非法取证手段的有效措施。我国《刑事诉讼法》第 123 条第 1 款规定："侦查人员在讯问犯罪嫌疑人的时候，可以对讯问过程进行录音或者录像；对于可能判处无期徒刑、死刑的案件或者其他重大犯罪案件，应当对讯问过程进行录音或者录像。"第一，侦查人员在讯问犯罪嫌疑人的时候，可以对讯问过程进行录音或者录像，这也就是说并不是所有的案件在讯问过程中都要进行录音或者录像，而是根据案件的具体情况来定。第二，对于可能判处无期徒刑、死刑的案件或者其他重大犯罪案件，应当对讯问过程进行录音或者录像。对于这类案件，存在刑讯逼供等违法取证行为的危害性相对更强，为了确保此类案件的合法侦查讯问，要求对于此类案件要全部进行录音或者录像。第三，录音或者录像应当全程进行，以保持完整性。《公安机关办理刑事案件程序规定》第 208 条第 3 款规定：

"对讯问过程录音录像的,应当对每一次讯问全程不间断进行,保持完整性。不得选择性地录制,不得剪接、删改。"只有完整的录音或者录像才能够反映侦查讯问中的客观情况。为了防止侦查讯问过程中,只对合法取证行为进行录音或者录像,录音或者录像应当全程进行,以确保侦查讯问的合法性。

5. 讯问笔录规制

实践中,讯问笔录作为证据使用时,对于证明犯罪嫌疑人供述的自愿性、真实性以及侦查讯问人员讯问方式的合法性具有证明力。从司法实践中看,一些冤假错案的发生往往与讯问笔录的不真实有关,包括记录内容的不真实,也包括记录程序的缺陷,由此会导致讯问笔录的证明力受到质疑。[1]讯问犯罪嫌疑人的目的在于获得口供或其他对证明案件事实有利的陈述,但这些陈述必须以适当的形式加以固定,才有可能在审判中用作证据。尽管现代录音、录像的记录形式,更能保证讯问结果真实性,但是传统的以笔录形式固定讯问结果的做法仍然是需要的,特别是在大陆法系的传统国家。《公安机关办理刑事案件程序规定》第206条第1款规定:"讯问笔录应当交犯罪嫌疑人核对;对于没有阅读能力的,应当向他宣读。如果记录有遗漏或者

---

〔1〕 张佐良:《浅谈讯问笔录的证明力》,载《公安学刊(浙江警察学院学报)》2010年第2期。

差错，应当允许犯罪嫌疑人补充或者更正，并捺指印。笔录经犯罪嫌疑人核对无误后，应当由其在笔录上逐页签名、捺指印，并在末页写明'以上笔录我看过（或向我宣读过），和我说的相符'。拒绝签名、捺指印的，侦查人员应当在笔录上注明。"做好讯问笔录，对于顺利进行刑事诉讼活动，准确有力地打击犯罪，有效地保护公民的合法权益具有重要意义。

  对于笔录最为重要的一点就是要确保其真实可靠，能再现侦查讯问时的场景。笔录应当如实记载提问、回答和其他在场人的情况，为了确保笔录的真实性，笔录应当交犯罪嫌疑人核对，对于没有阅读能力的，应当向他宣读。而且，还应当赋予犯罪嫌疑人对笔录更改和补正的权利，即如果记载有遗漏或差错，犯罪嫌疑人可以提出补充或改正，犯罪嫌疑人承认笔录没有错误后，应当签名或者盖章。侦查人员也应当在笔录上签名，犯罪嫌疑人请求自行书写供述的，应当准许，必要时，侦查人员也可以要求犯罪嫌疑人亲笔书写供词。实践中，讯问笔录被大量用作证明犯罪嫌疑人、被告人有罪的证据，其证据能力似乎毋庸置疑，但是对讯问笔录证据能力的要求无非就是其关联性、真实性以及合法性三个方面，其中对讯问笔录合法性的要求显得尤为重要。讯问笔录的合法性包括形式上的合法以及内容上的合法，前者主要是对讯问笔录的制作主体、法定的必须记录的内容以及制作程序方面的要求，后者主要是指讯问笔录所记载的内容必须是犯罪嫌疑人基于自愿性作出的供述。

（五）法律后果

从法学理论上讲，法律后果，是指法律规范所规定的人的行为在法律上可能引起的结果。是法律规范的一个组成部分。这里所说的法律后果，是指程序性意义上的法律后果。即违反诉讼程序的行为及其结果，在诉讼程序上不予认可，或予以撤销，或应予否定，或应予补充、修正的法律规定。具体到侦查讯问程序，法律后果即为违反侦查讯问程序的行为所导致的程序性后果。

1. 证据与定案根据

证据的收集与运用在实体意义上是定罪量刑的基础，在程序意义上是取证行为规范性的体现。程序的正当性影响实体的公正性，可以直接反映我国刑事诉讼活动中对人权保障的落实程度。我国《刑事诉讼法》第50条第3款规定，证据必须经过查证属实，才能作为定案的根据。没有查证属实未被法官采信的证据，仍然是证据，只是不能作为定案根据而已。

我国《刑事诉讼法》所确立的证明标准为"案件事实清楚，证据确实、充分"。对案件事实的认识过程是一种逆向思维过程，是根据所获得的证据推导的过程。从法定证据形式来看，物证、书证、视听资料与电子数据与证人证言、犯罪嫌疑人陈述不同，这些证据材料具有很强的客观性，其本身是一种客观存在的原始资料，既无必要也不太可能使其恢复原状后再重新提取。而犯罪嫌疑人的供述或辩解具有较强的主观性，更有必要在收集客观证据的基础上进行进一步验证，查证属实。基于此，刑事诉讼法也对证明标准作了具体解释，具体条件有三：①定罪量刑的事实都有证据证明。这是对证据量的规定，证据量的多少是影响法官裁判案件正确性的条件之一，只有被收集证据的数量达到充足的程度，才能保证尽可能多地从这些证据中筛选出能证明案件事实的证据。"证据充分"标准并不是指证据越多越好，相反，不计成本地追求证据量的充分将造成有限司法资源的浪费和降低诉讼效率。"定罪量刑的事实都有证据证明"中的"证据"既应包括证明被告人有罪的证据，而且应包括证明被告人"无罪或者罪轻"的证据，但实践中法官往往只重视前者证据的收集，认为只要能够证明被告人有罪的证据达到了"充分"的程度就足以作出有罪判决。②据以定案的证据均经法定程序查证属实。这是对证据在质上的要求，即要求"证据确实"。体现了法律真实观，即在发现和认定案件事实的过程中，必须尊重体现一定价值的刑事程序的要求，在对证据的采用和对案件

第二章　现行侦查讯问制度逻辑与体系

事实的认识达到法律要求的标准时，即可作出肯定的结论，否则，应当排除该证据或者宣布被追诉人无罪。③综合全案证据，对所认定事实已排除合理怀疑。证明标准一词具有主观性和客观性双重含义。诉讼活动并不以发现事实真相为唯一目的，因此并不仅是一种认识活动，如将诉讼活动仅仅视为具有认识论的活动，否定其价值论特性则必然导致对程序正义的忽视。[1]事实上，所有的证据都是盖然性的，并不存在形而上学上的绝对真实，对作为定案根据的证据的取舍，实际上就是排除主观合理怀疑后的相对确信。

最高人民法院《关于适用〈中华人民共和国刑事诉讼法〉的解释》（以下简称《刑诉法解释》）第94条规定了被告人供述不得作为定案的根据的情形："（一）讯问笔录没有经被告人核对确认的；（二）讯问聋、哑人，应当提供通晓聋、哑手势的人员而未提供的；（三）讯问不通晓当地通用语言、文字的被告人，应当提供翻译人员而未提供的；（四）讯问未成年人，其法定代理人或合适成年人不在场的。"以及第95条规定："讯问笔录有下列瑕疵，经补正或者作出合理解释的，可以采用；不能补正或者作出合理解释的，不得作为定案的根据：（一）讯问笔录填写的讯问时

---

[1] 陈瑞华：《从认识论走向价值论——证据法理论基础的反思与重构》，载《法学》2001年第1期。

间、讯问地点、讯问人、记录人、法定代理人等有误或者存在矛盾的；（二）讯问人没有签名的；（三）首次讯问笔录没有记录告知被讯问人相关权利和法律规定的。"从这些规定可以看出，未经查证属实或者证据获取方式不合法的证据，即使具有证明能力，也不能作为定案的根据，出于保护犯罪嫌疑人、被告人合法权益的考虑，其法律后果由控诉方承担。

2. 举证责任与证明责任

关于举证责任，《刑事诉讼法》第51条规定："公诉案件中被告人有罪的举证责任由人民检察院承担，自诉案件中被告人有罪的举证责任由自诉人承担。""谁主张，谁举证"为我国举证责任承担的一般原则。早在罗马法中就得以确立，认为举证责任应当由提出诉讼主张的一方当事人承担。在公诉案件中，控方向人民法院提出对被告人定罪量刑的诉讼请求时，就必须提供确实充足的证据。同样，在自诉案件中，自诉人也要承担证明其诉讼主张成立的举证责任，否则就要面临该诉讼主张不能成立的不利后果。人民检察院提起公诉的案件，必须达到犯罪事实清楚，证据确实、充分的证明标准。如果人民检察院不能提供证据或者其提供的证据不能达到确实、充分的程度，人民法院会作出无罪判决或证据不足、指控的犯罪不能成立的无罪判决。在分别规定公诉案件和自诉案件的举证责任承担主

第二章 现行侦查讯问制度逻辑与体系

体的同时，应明确其举证的范围。因为证明被告人有罪的证据既包括证明罪重的证据，也包括证明罪轻的证据。为了避免控方承担举证责任时"避轻就重"，在收集证据的过程中只收集证明被追诉人罪重的证据，忽视甚至有意舍弃对辩方有利的证据，检察机关在出庭中承担证明被告人有罪的责任，应当全面提供证明被告人有罪、罪重、罪轻的证据，并根据法庭要求提供检察机关已经调取或者已经掌握的可能证明被告人无罪的证据。对于辩方，可以进一步规定被告人不承担证明自己无罪的责任。被告人有提供证据证明自己无罪或罪轻的权利，辩护人有义务提出所发现的被告人无罪、罪轻或者减轻、免除其刑事责任的证据。

关于证明责任，我国《刑事诉讼法》第 59 条规定："在对证据收集的合法性进行法庭调查的过程中，人民检察院应当对证据收集的合法性加以证明。现有证据材料不能证明证据收集的合法性的，人民检察院可以提请人民法院通知有关侦查人员或者其他人员出庭说明情况；人民法院可以通知有关侦查人员或者其他人员出庭说明情况。有关侦查人员或者其他人员也可以要求出庭说明情况。经人民法院通知，有关人员应当出庭。"在法庭调查的过程中，检察机关承担对证据收集合法性的证明责任。对于证据收集的合法性，有关侦查人员或者其他人员出庭程序的启动权主体有三个，一是检察机关，二是审判机关，三是有关侦查人员或者其他人员。但有关侦查人员或者其他人员出庭的前提是现有证据不足以证明证据收集的合法性。不足以证明一般是指证明证据收集合法性的证据材料没有达到确实、充分的证明标准，没有形成完整的证据链条，证据之间没有达到相互印证的程度。如果现有证据已经足以证明收集证据的方式合法与否，则不必启动相关侦查人员或者其他人员出庭程序。出庭说明情况的主体是相关侦查人员或者其他人员，是与证明证据收集合法性相关的人员，除此之外的任何其他人员没有出庭的必要。出庭说明的情况，与出庭作证不同，应当是与证明证据收集合法性相关的情况，除此之外与证据收集合法与否无关的情况不在相关侦查人员或者其他人员出庭说明的范围之内。

从世界各国在证明责任分配上的立法与实践来看，犯罪嫌疑人、被告人不承担证明责任是一项基本原则。实际上，犯罪嫌疑人、被告人承担证明责任是证明责任的倒置，被追诉人承担过多的证明责任则导致了有罪推定。犯罪嫌疑人、被告人的辩解以及无罪辩护不应该导致其承担不利后果。当事人及其辩护人、诉讼代理人有权申请人民法院对以非法方法收集的证据依法予以排除。申请排除以非法方法收集的证据的，应当提供相关线索或者材料。与举证责任不同的是，证明责任的承担主体在不能证明其主张的情况下，需要承担由此带来的法律后果。随着对程序价值的日益重视，通过合理分配证明责任来实现程序公正的呼声越来越高，分配证明责任，要从有利于证明案件事实的角度出发，要考虑举证责任分配的可能性与现实性，并结合立法的目的。证明责任的分担应考虑证据应当或者事实上为哪一方当事人所掌握和控制以及由哪一方当事人提供证据所造成的困难最小。

3. 排除非法证据

排除非法证据是人权保障以及程序正义的要求，随着司法理念的发展，社会公众对司法公正的需求逐渐提升，更加关注法律对自身合法权益的保护。我国的非法证据排除制度是基于我国的司法体制和司法制度设立的，我国非法证据的排除主要体现于庭审阶段，同时也贯穿于刑事诉讼的主要程序阶段，排除非法证据的目的不仅在于结果意义上的排除侦查机关已经取得的非法证据，也在于程序意义上对侦查机关非法取证行为的遏制。[1]

当事人及其辩护人、诉讼代理人享有程序启动权，使他们在遭遇非法取证或者发现非法证据时，有权申请人民法院排除。非法证据从表面上看是排除以非法方法收集得来的证据的效力，实际上是对非法侦查行为的否定，也是对犯罪嫌疑人、被告人权利的救济。因此，申请排除非法

---

〔1〕 顾永忠：《我国司法体制下非法证据排除规则的本土化研究》，载《政治与法律》2013年第2期。

证据的权利也是犯罪嫌疑人、被告人的救济权。法律同时将辩护人、诉讼代理人也规定为非法证据排除的申请主体。不仅如此，非法证据排除不仅限于审判阶段，在侦查、审查起诉阶段，公安机关、人民检察院发现存在非法取证行为时，得以主动排除非法取证行为取得的证据。这些设置都是从当事人的利益出发，尽可能遏制非法证据立足的空间，从而避免侦查人员非法取证的风险，最终达到保障当事人合法权利的目的。

非法证据是指证据的收集方式属于非法的证据，收集证据是办理刑事案件的重要环节，取证活动伴随刑事诉讼主要诉讼阶段。侦查机关、公诉机关、审判机关收集证据都要满足以下要求：

（1）必须依照法定程序收集证据。如讯问犯罪嫌疑人应由侦查人员二人进行，搜查时必须出示搜查证；证人笔录必须交本人核对，鉴定应当指派、聘请有专门知识的人进行，等等。在收集证据中，司法工作人员不得违背这些程序规定。

（2）要收集能够证实犯罪嫌疑人、被告人有罪或者无罪、犯罪情节轻重的各种证据。也就是收集证据必须客观、全面，不能只收集一方面的证据。其中"收集"是指通过勘验、检查、搜查、讯问犯罪嫌疑人、被告人、询问被害人、证人、鉴定、侦查试验等手段进行调查取证。

第二章　现行侦查讯问制度逻辑与体系

（3）严禁以非法的方法收集证据。主要是指严禁刑讯逼供，严禁以威胁、引诱、欺骗方式来获取证据。特别是以刑讯逼供、威胁、引诱、欺骗方式取得的犯罪嫌疑人、被告人的口供，供述人在迫于压力或被欺骗情况下提供的供述，虚假的可能性非常之大，不能凭此作为定案根据，否则极易造成冤假错案。

（4）要保证一切与案件有关或者了解案件情况的人，有客观充分地提供证据的条件。其中"有客观地、充分地提供证据的条件"主要包括以下方面：①要保护证人及其近亲属的安全，免除证人的恐惧心理，摆脱可能受到的威胁、损害，让证人可以讲述案件的真实情况；②要分别询问证人；③要全面听取供述、陈述或证词，不得引导证人作片面的证词，或者只听取、记录片面的口供、证词。

（5）除特殊情况外，可以吸收与案件有关或者了解案情的公民协助调查。这是指收集证据工作要依靠人民群众。其中"特殊情况"，主要是指与案件有关或者了解案情的人参与调查可能会透露案情，使未被抓获的犯罪嫌疑人逃跑，或者造成串供以及毁灭、隐匿证据等情况，另外，对涉及国家秘密的案件，不应知悉该国家秘密的人也不得参与调查。

以上是对证据收集合法性的规定，既包含指导性规定，也包含强制性规定，因此，在一般意义上，以违反指导性规定的方式收集的证据，不能直接独立地作为认定案件事实的根据，如第（2）项、第（4）项以及第（5）项要求。而违反强制性规定收集的证据，则应当直接排除该证据的适用，如第（1）项、第（3）项要求。其中不同的是，第（1）项要求是对证据收集的程序性规定，虽然具有强制性，但对于具有取证程序瑕疵的证据，仍然可以经合理的补正后作为定案的根据。但对于违反第（3）项强制性要求取得的证据，则应当直接排除该证据的适用，但未规定相应的补正措施，因为从内容上看，第（3）项要求主要在侦查讯问活动中发挥作用，目的是保证犯罪嫌疑人供述的自愿性，侦查讯问环节以非法方法收集证据的不利后果由侦查机关承担。

根据我国《刑事诉讼法》的规定，刑事诉讼活动的目的在理论层面表现为惩罚犯罪、保障人权，但二者在具体的刑事诉讼活动中（如讯问犯罪嫌疑人）往往存在冲突，如何平衡二者权重，会影响客观的司法实践。《刑事诉讼法》虽然明确了刑事诉讼的目的，但较难明确个案中对二者的取舍。侦查机关在收集证据的过程中，由于侦破效率、口供中心主义等观念，对被追诉人权利的重视程度不同，加之拥有国家权力这一强大后盾，在收集证据的过程中尊重和保障被追诉人的权利，往往更多依靠的是执行人员的自觉。我国《刑事诉讼法》第56条规定："采用刑讯逼供等非法方法收集的犯罪嫌疑人、被告人供述和采用暴力、

第二章 现行侦查讯问制度逻辑与体系

威胁等非法方法收集的证人证言、被害人陈述，应当予以排除。收集物证、书证不符合法定程序，可能严重影响司法公正的，应当予以补正或者作出合理解释；不能补正或者作出合理解释的，对该证据应当予以排除。在侦查、审查起诉、审判时发现有应当排除的证据的，应当依法予以排除，不得作为起诉意见、起诉决定和判决的依据。"同时对于非法证据的范围，《关于办理刑事案件严格排除非法证据若干问题的规定》（以下简称《严格排除非法证据的规定》）亦作出明确规定，尤其体现在其中的"一般规定"之中，除重申性规定以外，相较于我国现行法律的规定，细化排除非法证据的范围至"采用以暴力或者严重损害本人及其近亲属合法权益等进行威胁的方法，使犯罪嫌疑人、被告人遭受难以忍受的痛苦而违背意愿作出的供述""采用非法拘禁等非法限制人身自由的方法收集的犯罪嫌疑人、被告人供述""采用刑讯逼供方法使犯罪嫌疑人、被告人作出供述，之后犯罪嫌疑人、被告人受该刑讯逼供行为影响而作出的与该供述相同的重复性供述"以及"采用暴力、威胁以及非法限制人身自由等非法方法收集的证人证言、被害人陈述"。

从当前侦查讯问制度的司法实践中看，从权力行使的角度，侦查讯问权力受到了一定制约。如讯问方式的选择受到限制，一定程度上弱化了讯问活动的威慑性，也随之带来一些问题，如随着犯罪嫌疑人、被告人权利保障意识逐渐加强，侦查讯问能力也需进一步提高，以满足侦办案件的需求。另外，基于非法证据排除规则，侦查讯问所得证据的证据力有所降低，也给侦查讯问工作带来了新的挑战。然而，从杜培武案、佘祥林案、聂树斌案等曾经发生的冤假错案中不难看出，其致错原因主要在于过去侦查讯问中的刑讯逼供行为。为防止侦查讯问权力被异化或滥用，提高侦查人员的讯问能力应以保障犯罪嫌疑人最基本的防御性权利为底线，落实人权保障的要求。

第三章 现行侦查讯问制度理论与实践问题

对于任何司法制度而言，公正都是根本价值。而司法公正既包含实体公正，也包含程序公正。实体公正是结果意义上的公正，指司法裁判应以客观存在的事实为根据，且适用法律正确。实体公正的实现有利于保障当事人的合法权益，增强司法公信力，稳定社会秩序。程序公正是过程意义上的公正，指诉讼参与人能够充分参与诉讼过程，程序得到遵守，遭遇程序违法能够得到救济。在现代刑事诉讼理念中，程序公正的价值凸显，即正当程序理念。

正当法律程序源起于普通法，学者普遍认为，"任何人在被证明有罪之前推定为无罪"是正当法律程序应当包含的内容。[1]程序正义观念萌芽于自然正义观，自然正义

---

[1] 宋英辉：《刑事诉讼原理》，法律出版社2003年版，第74页。

是英美普通法的重要原则之一,最初适用于司法领域,是实现司法公正的根本保障。随着正当程序观念的产生并逐渐得到发展,并不断在正当程序观念中进一步具体化。发展完善侦查程序中的人权司法保障就要树立并深化正当程序理念,即未经正当的法律程序,不得剥夺任何人的生命、自由和财产,严禁超越法律授权行使权力,保证权力行使程序的人道性、中立性、公开性。树立正当程序理念的价值在于规制权力行使的程序,将行使权力的方式限制在法律范围内,从而保障权力行使对象的合法权益以及决策的可预见性,增强司法、执法权威性。我国传统上受"重实体,轻程序"旧有观念影响,至20世纪90年代正当法律程序的概念引入我国以后,程序观念逐渐得到理论研究的重视。[1]对于侦查程序而言,强制措施的采用主要发生在侦查活动之中,在执法不严的情况下,犯罪嫌疑人、被告人的合法权益在侦查程序中最容易受到直接侵害,正当程序理念在侦查程序中应得到尤其重视。在侦查讯问活动中,正当程序理念主要表现为以下原则:

一、侦羁分离原则

侦羁分离体现的是分权制约机制,是国家权力划分前

---

[1] 樊崇义等:《正当法律程序研究——以刑事诉讼程序为视角》,中国人民公安大学出版社2005年版,第187页。

提下各部门之间相互监督、相互制约的状态，无论是纵向分权还是横向分权，其目的均为制约国家权力的行使、保障公民权利的落实。按照我国现行的刑事司法权限配置，对刑事案件的侦查和对犯罪嫌疑人的羁押均属于公安部门。这种权限配置在特定时期固然有其存在的道理，但必须承认，无论在法理上还是实践上，这种体制安排都存在问题，核心问题是它使公安部门在行使侦查和预审权时缺乏有效的监督和制约。[1]

（一）侦羁分离的必要性

学界对侦羁分离的必要性存在不同观点，有学者认为实践中羁押场所并非刑讯逼供的主要发生场所，刑讯逼供往往发生在侦查机关的办案场所，因此不存在侦羁分离的必要性。从预防刑讯逼供的角度来看，主张侦羁分离不存在现实的紧迫性。[2]然而，多数观点认为侦羁分离有其设立的必要性，按照我国现行的刑事司法权限的配置，对刑事案件的侦查和对犯罪嫌疑人的羁押均属于公安部门，看守所由公安机关进行监管，对于公安机关的侦查讯问工作，看守所有配合开展的义务。公安机关集侦查权与羁押权于

---

〔1〕 侯欣一：《从制度上彻底实行侦羁分离》，载《同舟共进》2015年第6期。

〔2〕 刘方泉、郭松：《也谈"躲猫猫事件"发生的根源——驳"侦羁分离"论》，载《中国刑事法杂志》2009年第10期。

一身,而在我国的法律体系中,看守所的定位是集羁押机关、侦查辅助机关和刑罚执行机关于一身的特殊主体。这种权限配置在特定的时期固然有其存在的道理,但必须承认,无论是从法理上讲,还是从实践上看,这种体制安排都存在着弊端,最核心的问题是它使公安部门在行使侦查和预审权时缺乏有效的监督和制约,以致于公安机关侦查部门在行使侦查权力的过程中较容易超出其权力行使的边界,侵害犯罪嫌疑人的合法权益。其外在表现为侦查讯问中可能采用刑讯逼供等非法取证方法。现行由各级公安机关管理看守所的管理体制,弱化了它在犯罪嫌疑人被羁押期间人权保障方面的功能作用。尽管可在提押、讯问方面为侦查机关提供便利,有利于打击犯罪,但这种侦查羁押合一的模式,间接导致了看守所在刑事诉讼活动中失去中立地位。

尽管目前我国大多数公安机关在内部已经采取了侦查和预审分离的机制,但这种分离是系统内的分离,效果毕竟有限。刑事司法权配置是否合理,影响侦查讯问能否实现预期效果,同时落实保障人权的目的。由于公安部门对犯罪嫌疑人拥有羁押的权力,其结果就可能导致公安部门在侦查案件时不在案件的证据上下功夫,而是动辄随意传唤、拘留犯罪嫌疑人,希望通过预审来获取口供,然后再通过口供去查找犯罪证据。由于现行体制下羁押、预审是在一个完全由公安部门控制的封闭状态下进行的，一旦出了问题，也不利于问题的查证和真相的披露。

实现侦羁分离的作用不仅仅在于保障犯罪嫌疑人的合法权益，还在于可以倒逼侦查机关提高侦查水平。按照法律规定，看守所收押犯罪嫌疑人后，侦查人员对其讯问应当在看守所讯问室内进行。如果开庭或提解在押人员出看守所辨认、鉴定等，应当持县以上办案机关批准文件，且出所和回所要进行身体检查。为防止办案机关超期羁押在押人员，看守所对于在押人员换押和羁押期限变更进行严格审查，对超过羁押期限的报告给驻所检察室，对办案机关再提讯的拒绝办理，对发现属于羁押必要性审查情形的，向驻所检察室提出建议，将刑事诉讼程序中的犯罪嫌疑人的实际控制权交给与侦查机关无利害关系、相对独立的机关来执行。

(二) 侦羁合一存在的问题

按照我国现行的刑事司法权限的配置，对刑事案件的侦查和对犯罪嫌疑人的看管均属公安部门，这种侦羁合一的权限配置在一定的时期有其一定的合理性，但长远看问题却很多，它使公安部门在行使侦查和预审权时缺乏有效的监督和制约。侦查羁押合一的体制，无论是从法理上讲还是从实践上看，都存在着一些问题。

1. 权力制衡方面

依法规范权力是法治国家建设的重要内容,[1]权力制衡是在公共政治权力的内部或者外部,存在的牵制与抗衡的关系,且这种制衡状态体现在动态的权力运行之中。通过权力制衡确保不同权力主体在权力行使过程中的稳定状态,直接目的是使国家权力的分配在运行中达到一种总体平衡状态,以实现社会权力结构总体稳定的目的。孟德斯鸠及其他思想家将权力制衡的基本理论归结为两个基本思想:不受约束的权力必然腐败,绝对的权力导致绝对的腐败;道德约束不了权力,权力只有用权力来约束。近代以来西方法治的发展,在严格意义上就是这两个基本思想的外化。从另一种意义上讲,近现代法治史,就是一部权力约束和制衡史。而全部近现代法治史都证明了一个基本事实:不受约束的权力极易导致腐败,权力只有用权力来约束。权力监督,在中国古已有之。西周就有过所谓做诗、诵诗的舆论监督,当时还创造了"三监"制度,并成为以后秦汉时的监察御史和刺史制度的渊源。此后中国各朝代都建有权力监督制度。西汉中期开始建立多重监察制度。如御史的监察、丞相司直的监察、司隶校尉的监察等。西汉还发明了中国最早的"举报箱"。唐、宋、元、明、清的

---

[1] 马怀德:《依法规范权力 实现权力运行制约和监督法治化》,载《法制资讯》2014年第Z1期。

第三章 现行侦查讯问制度理论与实践问题

监督制度都有不同程度发展。近代法治产生后，以权力制衡为核心的法治原则替代权力监督，成为民主政治最主要的制度保障，权力约束最主要的形式是权力制衡，而权力监督只是一种辅助性的权力约束。

侦羁分离涉及的是权限配置问题，无论在学理或是实务层面上均受到了关注，对于人权的司法保障意义重大。在特定的历史时期，公权力的配置总体上是大致稳定的，与侦羁分离理念直接相关的实践问题就是看守所与侦查机关的关系问题。通常意义上看，看守所与侦查机关之间是一种配合保障的关系，也是一种监督制约的关系，然而实践中二者的关系更多表现为配合保障，相应的监督制约显得弱化了。由此看守所的中立性则大打折扣，侦羁合一体制下，看守所的中立性是有限的，是缺乏充分保障的。处理好看守所与侦查机关的这两层关系确实难度较大。看守所没有独立的案件侦办权，但有权协助侦查机关取证，这里的侦查机关不仅指公安机关，其他有独立侦查权的国家机关同样包括在内。看守所的中立地位是相对的，实践中偶尔出现的刑讯逼供、"牢头""狱霸"等情况发生在看守所中，这些负面影响同时波及侦查机关的公信力。从现实情况看，基于各自承担的职能，看守所与公安机关的分离也是相对的分离。实际上，看守所与公安机关的这种行政隶属关系可能使得看守所体制缺乏有效外部监督，以致于公安机关在侦查权行使过程中缺乏有效权力制约。从曾经发生的冤假错案的成因也反映出看守所作为公安机关主管的讯问场所，由于外部监督的缺乏可能导致侦查讯问中刑讯逼供现象的出现。根据权力制衡原理，刑事诉讼活动中的羁押权、侦查权、检察权、审查权和执行权等都应受到制约，表现为权力之间的制衡与监督机制，否则容易导致权力的滥用，其结果往往表现为冤假错案的发生，而对于侦查讯问权力的行使而言，侦羁分离则是权力制衡原理的基本要求。

2. 监管模式方面

侦查讯问的地点根据犯罪嫌疑人羁押与否而有所不同，这就需要改进看守所的监管条件与内部监督。根据《公安机关执法细则》的规定，讯问已被羁押的犯罪嫌疑人原则上应当在看守所讯问室进行。对于看守所的中立性要求来讲，实现有效的内部监督是必要的，监督的效果如何与权力的配置与制约直接相关。看守所由公安机关管辖，一方面不利于加强侦查中的对抗性，也缺乏外部的制约；另一方面也因为现在公安机关人员众多，机构庞大。

看守所实现内部监督的途径可以包括来自权力的监督和来自权利的监督，来自权力的监督主要是权力划分问题，而来自权利的监督则是如何保障在押人员权利的问题。具体而言，侦查阶段犯罪嫌疑人享有申诉权、控告权，可以据此制约侦查机关的讯问权力。对于改进看守所的监管条件方面，目的在于保障犯罪嫌疑人的人身安全以及方便诉讼。在押人员曾经面临的人身危险除了来自侦查讯问人员的刑讯逼供外，还有看守所实践中偶有存在的"牢头""狱霸"，超期羁押等问题。这些问题的源头往往归于看守所管教人员的管理模式不科学。侦查机关要提高办案效率，减少不必要的羁押，对于不适合继续羁押的，看守所可以提出变更强制措施的建议，还可以利用看守所在押人员投诉处理机制维护在押人员的合法权利。

保证看守所的中立性涉及的另一个问题即看守所执法公开的问题，关于看守所的执法公开，主要涉及生活与安全管理的公开，在押人员诉讼权利保障方面的公开，但排除对案情以及讯问情况的公开。

二、适度公开原则

侦查适度公开，是现代民主政治的内在要求。侦查适度公开，有助于将侦查工作置于公众的有效监督之下，促使侦查人员强化依法办事的观念，自觉地遵守法律、法规的规定，减少职务犯罪发生；有助于使广大人民群众知悉与犯罪有关的一些情况，提高警惕，做好对现行犯罪的预防工作；有助于贯彻依靠群众的工作原则，调动公众积极性，及时向警方提供有关犯罪活动线索，促进侦查工作顺利进行；还有利于犯罪嫌疑人及其辩护律师了解更多案件信息，从而有效开展申诉、控告和辩护活动，维护其合法权益等。[1]当然，鉴于侦查工作的特殊性，侦查公开只能是适度公开、有限公开，而且主要指程序公开和诉讼性事项的公开。对侦查进展情况，则应持慎重公开的态度，否则难免会导致犯罪嫌疑人潜逃或证据湮灭，妨碍诉讼正常进行，并可能给犯罪嫌疑人、受害人、证人带来名誉、声誉上的影响和人身安全威胁。我国现行侦查讯问程序具有封闭性特点，律师介入比较有限，犯罪嫌疑人的知情权也受到严格限制，有必要实行适度公开原则。

(一) 公开的必要性

一项制度具有普遍约束力需要以制度公开作为前提，从法的运行效果上看，涉及对相关利益的处分问题，直接影响权利各方主体的切身利益。因此法律制度的公开（尤其是涉及权利处置内容方面的公开）对于人权保障至关重要。公开原则与秘密原则相对，而纯粹的秘密原则存在缺陷，不符合现代法治社会的基本内涵，在绝对的秘密原则与绝对的公开原则之间寻求一种均衡，即为适度公开原则，

---

[1] 刘静坤：《知情权与侦查法治》，载《北京人民警察学院学报》2006年第1期。

第三章　现行侦查讯问制度理论与实践问题

强调的是以公开为原则的同时，允许一定意义上不公开的存在。但这种不公开的出发点并不是为了维护或强化国家公权力的扩张性，而更多的是在保障国家公权力行使权威性的同时，实现对私权利的合理保护。对于刑事诉讼程序而言，重视对私权利的保护则着重体现在诉讼活动中保护犯罪嫌疑人的合法权益中来。诉讼公正，包括实体公正和程序公正两个方面。实体公正，即结果公正，指案件实体的结局处理所体现的公正。程序公正，指诉讼程序方面体现的公正。刑事案件的程序公正，具体要求主要包括：严格遵守刑事诉讼法的规定，切实保障当事人和其他诉讼参与人，特别是犯罪嫌疑人、被告人和被害人的各项诉讼权利，严禁刑讯逼供和以其他非法手段取证，司法机关依法独立行使职权，保障诉讼程序的公开性和透明度，按法定期限办案、结案，等等。

现代社会的侦查活动是在推进法治国家进程的背景下展开的，因此一些适用于宪法和其他基本法的一般性原则也应当适用于刑事诉讼侦查活动，如罪刑法定原则、比例原则、适度公开原则等。[1]侦查公开是指侦查机关的一切侦查活动应该向诉讼参与人以及社会公开，允许公众监督，但法律另有规定的除外。因此侦查讯问应遵循适度公开的原则，侦查讯问活动的公开是刑事审前程序改革的重要内

---

[1] 毛立新：《现代侦查的法治原则》，载《法治研究》2008年第7期。

容，侦查讯问活动的适度公开有助于制约侦查权力的行使，避免冤假错案的发生，同时有助于保障当事人对侦查活动的知情权以及实现对侦查活动的外部监督。

实践表明，对犯罪嫌疑人合法权益的保障不充分以及被告人在审判阶段翻供的原因，除了客观上侦查技术手段的限制以及主观上侦查人员受旧有传统侦查理念（如有罪推定）的影响外，也多与侦查讯问活动的不公开、不透明有关。从结果意义上看，侦查讯问活动的不公开对司法活动的公信力有负面影响。然而，侦查行为具有天然的封闭性，这种封闭性和神秘感也是历史原因造成的。随着社会对司法的需求逐渐走向公开、透明，侦查活动的公开性随之不断增强，从世界范围来看，无论是英美法系还是大陆法系，即使侦查模式不尽相同，绝对封闭的侦查体制已经不复存在，并且正在走向公开化、透明化。

(二) 可行性与面临的现实问题

可行性讨论是在必要性讨论之后，从一项制度的运行效果的预判或者对已经实施的制度进行效果评估上的分析考量。必要性主要关注制度的应然状态，而可行性则主要是从实然的角度，探讨该制度是否存在现实的运行空间。侦查讯问活动中遵循适度公开原则体现了行政公开法治原则，具有其独立的价值合理性。

第三章 现行侦查讯问制度理论与实践问题

1. 适度公开的可行性

我国建设民主法治国家的进程为侦查讯问制度适度公开原则的落实提供了政策支持，同时当前对监督和制约侦查讯问权行使的要求也为适度公开原则提供了条件。另外，人权保障已成为刑事司法的目的之一，这也为侦查讯问制度的适度公开提供了宗旨性保障。

保障公民的知情权已成为法治国家的共识，但基于刑事司法领域侦破犯罪的需要，对犯罪嫌疑人、被告人以及社会舆论知情权的保障往往显现出不足。在执法公开的背景下，平衡二者之间的价值关系已越发得到学理上以及实务中的重视。另外，诉讼活动中的抗辩性已不单单体现在法庭审理过程中，而是贯穿刑事诉讼活动的整个过程，在审前程序中也应有所体现，并且发挥和保障辩护律师在诉讼活动中的作用逐渐得到进一步的重视。如最高人民检察院、司法部、中华全国律师协会联合印发的《关于依法保障律师执业权利的十条意见》以及最高人民法院印发的《关于依法切实保障律师诉讼权利的规定》，均为保障公民知情权，尤其是犯罪嫌疑人、被告人及其辩护律师在侦查讯问过程中的知情权提供了依据。从保障社会舆论知情权角度，舆论监督已经成为一种被广泛认可的监督方式，对于制约国家权力机关行使公权力发挥着一定程度的积极作用。近年来舆论监督方式的扩展（如新媒体等形式的监督途径)对监督执法具有工具性、合理性价值。对侦查讯问过程中所涉事项进行选择性公开符合当前社会公众的司法需求,亦可以为侦查活动中的执法公开提供可行性依据。从立法层面看,具体而言,我国的侦查活动如勘验、检查、搜查、扣押等都规定了必须在有见证人在场的情况下进行,这样规定的目的不仅仅在于协助侦查人员收集相关证据,还在于在协助过程中对侦查活动进行必要的监督,保证执法的合法性与正当性。另外,我国刑事诉讼法关于对犯罪嫌疑人采取拘留、逮捕措施后通知家属的规定,以及关于侦查机关鉴定意见对犯罪嫌疑人的告知义务都表明了侦查工作在立法上不是绝对封闭的,而是具有一定程度的公开性。从实践层面看,控辩对抗的侦查模式要求侦查讯问活动摆脱秘密的纠问式侦查模式,向着适度公开的方向发展。

2. 存在的现实问题

如上所述,侦查讯问活动的公开以适度公开为原则,但如何把握"度",要考虑实践中带来的问题。我国《刑事诉讼法》虽然并未规定侦查活动应当秘密进行,但实践中我国的侦查机关对整个侦查程序具有绝对的控制权,[1]另外,检察机关对侦查活动的监督权的行使也由于二者具有一致的追诉目的而往往会被动地接受侦查活动的结果。

---

[1] 甄贞主编:《刑事诉讼法学研究综述》,法律出版社2002年版,第309页。

第三章 现行侦查讯问制度理论与实践问题

侦查讯问活动公开化将增加侦查破案的难度，因为侦查讯问的公开意味着当事人以及社会公众知情权的实现，形成以权利制约权力的局势，影响侦查破案方法的实施，影响破案率。同时，侦查讯问活动的公开化将使侦查人员采用何种取证方法受到必要的监督，增加侦查机关收集证据的难度。由此可见，从主观意愿上来讲，侦查机关本身出于侦查办案的需要，对侦查讯问活动的公开化很可能是排斥的。如尽管法律有关于侦查人员出庭作证的规定，但实践中侦查人员出庭作证的情况较少，面对辩护方的质证，有时无法做出相应的解释或者反驳，一定程度上影响裁判的公信力。再如侦查讯问时律师在场权的问题，辩护律师是犯罪嫌疑人权益的保护者，辩护律师是否享有充分的诉讼权利以及辩护律师在侦查阶段的参与权的落实关系到侦查讯问活动的公开化程度。然而实践中辩护律师的参与度过窄，影响侦查讯问环节的抗辩性。还比如，侦查讯问活动的公开程度还表现在接受舆论监督的程度，与其他形式的外部监督如人大监督、检察监督相比，新闻媒体的监督更具广泛性，对侦查讯问活动进行制约也应发挥舆论监督的作用。

关于侦查讯问公开的"度"的把握，就像审判公开也允许评议的不公开一样，侦查讯问活动的公开化也不是绝对的公开。侦查阶段侦查破案的功能价值决定了侦查活动的绝对公开不利于犯罪嫌疑人隐私的保护以及侦破案件的需要，因此侦查公开应当限制在一定范围内。侦查终结前的公开对象应限于当事人及其他诉讼参与人，而不是向社会公开，但法律另有规定的除外。在讯问过程中的公开对象限于辩护律师，而不包括其他诉讼参与人。侦查讯问的结束并不意味着侦查活动的终结，因此侦查讯问活动的适度公开与侦查阶段的公开应作区分，侦查活动一旦终结，其侦查结果应向社会公开，以便接受外部监督。

三、供述自愿性保障

侦查讯问活动的强迫性与生俱来。随着刑事诉讼的现代化，保障犯罪嫌疑人供述自愿性的制度需求成为必然。"反对强迫自证其罪"是实现这一制度需求的法律原则，其核心是保障犯罪嫌疑人的供述自由。

（一）保障供述自愿性的立法现状

总体而言，刑事诉讼法保障供述自愿性主要有两种模式，即权利保障模式和权力保障模式。前者通过诉讼权利体系来保障供述自愿性，如赋予犯罪嫌疑人沉默权、咨询律师的权利、律师在场的权利以及反对强迫自证其罪的权利。后者的保障机理在于权力制衡，通过对权力行使的条

第三章 现行侦查讯问制度理论与实践问题

件、程序、方式予以事先规范，并通过一定的主体对权力行使的过程与结果予以管控，使之趋于有效与正当。节制权力、避免权力滥用、保障权力相对人的重要法益是权力制衡的根本目标，对于侦查讯问活动而言，就是保障犯罪嫌疑人的供述自由。

1. 自愿性供述的起源

追根溯源，自愿性供述始于无罪推定原则，在该原则的指导下，自愿供述原则可以延伸出几方面内容，即被追诉人有保持沉默的权利，获得律师帮助的权利以及非自愿性口供排除制度等。1966年，美国联邦最高法院在对米兰达诉亚利桑那州案的认定中，最终判定该案违宪。考虑到无论是身体上的强迫还是心理上的强迫，在影响被告人自愿供述的可能性上不分伯仲，因此法院认为该案中虽然被告人在身体上并没有受到强迫，但其受到了心理上来自外界的强迫，即当时的讯问的气氛，还有讯问人员采用的讯问策略、攻心战术给被告人造成了心理上的强迫。从而导致在这种强迫驱使下作出的供认，相比自愿供述的可信度大大降低。由此带来的直接程序性后果就是强迫下作出的有罪供述不能作为判定案件的证据使用。

在此案发生后，法院进一步指出必须将以下事项告知被羁押人：首先，他有权保持沉默并且不回答问题；其次，要告知他所说的每句话都有可能在法庭上作为对他不利的证据;再次,要告知他有权与律师协商并要求律师在讯问时在场;最后,告知他如果他请不到律师,即有权免费获得一名指定的律师为他代理。[1]以上被称为"米兰达警告"。此后美国警察在逮捕嫌犯后,都会先对其进行米兰达警告,这一规则也被称为"米兰达规则",米兰达规则被认为是美国反对强迫自证其罪权利的核心内容。美国联邦最高法院在米兰达案的判决中还指出了其他一些规则:如果某人在讯问前或讯问中的任何时候以任何方式表示他希望保持沉默,那么讯问必须停止;如果某人表示他想要一名律师,那么讯问必须停止,直到律师到场为止;如果某人找不到律师,但表示只有在有律师的情况才愿意和警察交谈,那么警察必须尊重他保持沉默的决定;如果讯问在没有律师在场的情况下进行,而且取得了一项陈述,那么政府方面就负有很大的责任证明,被告有意识和自愿地放弃了他不得强迫自证有罪的特权和聘请或指定律师的权利。在讯问时,如果某人在行使他保持沉默的权利之前,主动回答了一些问题或提供了一些情况,这并不等于他放弃了该项特权。被羁押人的沉默并不是证明他有罪的证据,即使他在审判中作证,提出证明他无罪的情况并接受交叉讯问,起诉方也不得以被告在听取米兰达警告后保持沉默这一事实来攻击被告,因为根据米兰达警告,被告人有权保

---

[1] 参见美国最高法院报告,1966,384,第4节。

持沉默，不必回答任何问题。[1]由"米兰达警告"演化而来的"米兰达规则"赋予了犯罪嫌疑人、被告人在接受讯问时保持沉默和拒绝回答的权利。

2. 自愿性供述的保障方式

由于自愿性本身的主观特点，实践中对供述是否出于自愿的标准较难把握，在形式上看是基于自愿的口供，但实质上可能并非出于犯罪嫌疑人、被告人的自由意志。尤其当被追诉人处于侦查机关的控制之下，其权利主张未必能够得到及时有效的回应。在这种情况下其有可能在迫于压力之下（包括身体方面的、精神方面的压力），向侦查机关作出供述，但这种供述究其来源并非出自其自愿，或者在侦查讯问权力主体采用心理强迫等方式获取供述之情形下，由此获得的有罪供述也不应理解为被追诉人在自愿选择后所作的供述。

在当前我国的刑事司法语境下，究竟如何保证供述的真实可靠呢？那就要求被告人作出的供述完全出于本人的意愿，即供述具有任意性。"在一般情况下，自愿供述比强迫供述要真实，合法证据比非法证据可靠。"为此，供述任意性规则保证实体公正的功能是通过确保被告人自白的任

---

[1] 参见美国最高法院报告，1976年，426，第4节。

意性来实现的。[1]虽然法律对何谓讯问权没有单独界定，但其作为一种"合法的暴力"，在保护人权这一诉讼目的实现的过程中不得不受到重视。侦查的目的包括两方面内容，一是保全证据，二是保全犯罪嫌疑人，以保证犯罪嫌疑人在法庭审判时能够出庭。讯问犯罪嫌疑人则是保全证据的手段之一，并且从实际效果来看，获得犯罪嫌疑人供述几乎成了侦查机关侦破案件的"定心丸"。与法官行使职权相比，侦查人员在讯问过程中行使职权表现出更多的经验性。由于其讯问成果仍需经审判程序验证，一定程度上致使讯问人员产生某种"权宜"心理，加之"口供中心主义""由供到证"等侦查讯问模式的影响，为了进一步遏制刑讯逼供、保障犯罪嫌疑人的合法权利，讯问权这一"合法的暴力"应当在保障犯罪嫌疑人自愿供述的层面上受到限制。而且通过一定的制度和程序保证公权力行使的准确性和有效性，是衡量一国法治文明程度的重要指标。讯问权基于其在刑事诉讼中的功能，有其存在的必要性。同时"不得强迫自证其罪"是在我国"重实体真实，轻程序正当"这样一种较为失衡的诉讼样态下提升刑事司法正当程序地位的必然选择。因此，二者冲突的出现并非偶然。

具体来讲，"不得强迫自证其罪"对讯问权行使的制约

---

[1] 陈光中等：《刑事证据制度与认识论——兼与误区论、法律真实论、相对真实论商榷》，载《中国法学》2001年第1期。

第三章 现行侦查讯问制度理论与实践问题

主要体现在以下几个方面：排斥自我弹劾、拒绝回答归罪性提问、排斥强迫性讯问手段、强迫供述非法证据排除、不被做出不利评价或推论。保障供述自愿性的目的是获得真实口供，与赋予被追诉人沉默权具有一致的价值追求，保障被追诉人自愿供述即保障被追诉人供述中具有自由意志以及正常理性，保障被追认享有供述与否的选择权。因此在被追诉人选择保持沉默的情形下，侦查讯问权力主体应尊重这种选择，在讯问前履行告知义务，告知犯罪嫌疑人可以保持沉默。另外保障在侦查讯问中的犯罪嫌疑人享有律师在场权有助于保证供述自愿性，获得律师的有效辩护可以使犯罪嫌疑人、被告人对自己的权利以及选择供述与否带来的法律后果更加明确，同时也有利于对侦查讯问行为一定程度的制约，提升侦查讯问程序的结果价值。

(二) 存在的现实问题

在我国的刑事司法实践中，侦查人员重视犯罪嫌疑人口供的获取与使用，导致在讯问过程中，侦查人员往往为获取破案的关键证据及线索，偏重犯罪嫌疑人的口供，相对忽视犯罪嫌疑人作出的无罪或者罪轻的辩解。我国《刑事诉讼法》第 120 条规定，犯罪嫌疑人对侦查人员的提问，应当如实回答。但在实践层面，这难免会与赋予犯罪嫌疑人不被强迫自证其罪的权利的行使产生冲突，影响不得强迫自证其罪原则的落实。立法关于"如实供述"的规定为刑讯逼供这种非法取证行为提供了借口和便利条件。如此一来,这一原则的确立是否意味着赋予了犯罪嫌疑人、被告人沉默权?二者的关系是怎样的?反对强迫自证其罪原则只是禁止追诉机关视被追诉人为"证据来源",禁止追诉机关将讯问犯罪嫌疑人作为收集有罪证据的基本手段,而并非禁止追诉机关讯问犯罪嫌疑人。我国虽没有在刑事诉讼法中明确规定犯罪嫌疑人、被告人享有沉默权,但享有沉默权应是反对强迫自证其罪原则的一种实现形式,只是我国的沉默权是一种默示的沉默权。沉默权与反对强迫自证其罪存在关联,但并不完全相等。沉默权保障的是犯罪嫌疑人不说话的权利,而不被强迫自证其罪实际上保障的是犯罪嫌疑人说话自愿性的权利,反对强迫自证其罪在某种程度上体现了沉默权的精神。该原则是对犯罪嫌疑人供述自愿性的直接保障,法律规范的适用实际上就是对法律规范的解释,当文义解释尚不足明了,则需要诉诸法律的其他解释方法。通过目的解释,之所以在刑事诉讼法的修改中引入反对强迫自证其罪原则目的是转变传统的"口供中心主义"的侦查讯问方式。从立法目的的角度可以推出立法者本意对被追诉人享有沉默权是持肯定态度的。通过比较法的解释,既然国际上多数法治国家规定了反对强迫自证其罪原则,或者将其肯定为一项宪法性权利,我国已经

第三章　现行侦查讯问制度理论与实践问题

签署了具有代表性的国际文件，因此在司法适用的过程中，尤其在出现与"如实供述"条款发生冲突的情况下，应优先适用反对强迫自证其罪原则。

除法律规定方面存在的冲突之外，实践中往往出现犯罪嫌疑人、被告人翻供的情况。翻供与供述自愿性之间如何平衡，翻供是否构成对侦查讯问期间供述自愿性的否定？翻供在一般意义上讲，即被告人在庭审过程中作出的口供与审前阶段所作口供在内容上存在矛盾和冲突。但在司法实践中，由于犯罪嫌疑人在侦查阶段和审查起诉阶段通常会接受多次讯问，因此在这两个阶段中也会出现翻供的情况，翻供是司法实践中的常见现象。[1] 我国《刑事诉讼法》将犯罪嫌疑人、被告人的供述、辩解纳入法定证据形式进行规定，但在口供的运用方面，除规定了非法证据排除规则外，未见详细的口供运用规则，无法应对实践中的突发状况。由于被告人对遭受强迫取证行为不易提供线索或者材料，以致于对被告人审前供述是否出于真实自愿不易证明，但被告人的翻供多以遭遇刑讯逼供为理由，在审查被告人供述自愿性的过程中，可以结合对被告人审前供述地点、健康体检证明以及录音录像等资料综合分析。审查案件的其他证据是否确实、充分，足以形成有效的证据

---

[1] 赵秉志主编：《刑事法治发展研究报告（2010-2011年卷）》，中国人民公安大学出版社2012年版，第585页。

链条，如果可以证明被告人审前供述的自愿性，则对被告人的翻供应不予认定。

另外，在侦查讯问中如何建构认罪认罚从宽程序，也是实践中面临的问题。2020年7月20日公安部公布《公安部关于修改〈公安机关办理刑事案件程序规定〉的决定》，该文件并没有对认罪认罚从宽的程序作出专章专节的规定，仅在第203条第1款规定："侦查人员讯问犯罪嫌疑人时，应当首先讯问犯罪嫌疑人是否有犯罪行为，并告知犯罪嫌疑人享有的诉讼权利，如实供述自己罪行可以从宽处理以及认罪认罚的法律规定，让他陈述有罪的情节或者无罪的辩解，然后向他提出问题。"可见，在侦查阶段如何建构认罪认罚从宽程序还相对模糊，由此带来了一些问题。比如，公安机关侦查人员适用认罪认罚从宽制度的积极性不高。适用该制度会在一定程度上增加侦查人员的工作量，原本取证任务已经较为繁重，导致侦查人员适用该制度的热情不高。又如，律师在认罪认罚从宽制度中发挥的作用有限。实践中，侦查阶段的律师更多发挥的是"见证人"的作用，这不利于抗辩式侦查讯问模式的形成，导致犯罪嫌疑人认罪认罚的真实性容易遭到质疑，等等。

四、强化非法证据排除

随着依法治国的全面推进和司法改革的不断深入，非法证据排除规则持续受到关注，不断丰富发展。2012年我国《刑事诉讼法》的修改，在立法上正式确立了非法证据排除规则。非法证据排除规则是刑事程序法、刑事证据法的一项规则，是诉讼制度和证据制度发展到一定时期的产物。排除侦查、调查人员以非法方法收集的证据，不允许其取得作为定罪根据的资格，属于程序制裁的一种机制，强调的是不让执法犯法者从自己的违法行为中获取利益，体现了遵守法律正当程序、维护宪法和法律权威以及加强刑事司法中的人权保障的立法价值。[1]

(一) 排除非法证据的理论内涵

非法证据是办案人员违反法定程序或职权，或者使用其他非法方法获得的证据，在形式上因缺乏证据的合法性要件，影响司法公正，不能作为定案的根据。非法证据排除规则排除的是侦查人员以非法方法收集的证据，这是非法证据排除规则区别于其他证据规则的关键所在。

我国的非法证据排除规则是舶来品。英国1984年《警察与刑事证据法》第76条规定了对非法取得的被告人口供的自动排除原则。对于非法搜查、扣押的物证只要与待证事实有关，原则上不予排除，将自由裁量权委托于法官。

---

[1] 卞建林:《排除非法证据的制度反思》，载《当代法学》2023年第3期。

不过英国并不禁食"毒树之果",对于从被排除的非法证据延伸出来的其他证据,只要被证明具有可靠的关联性,就可被采信。与英国相比,美国的证据排除规则范围较广泛,在适用上也较严格,美国《宪法修正案》第4条规定,以非法手段收集的证据不得在刑事指控中作为证据使用;对于非法收集的物证,联邦最高法院通过一系列案例确立了排除规则,并于1961年将该规则适用于各州的刑事诉讼。进入20世纪80年代后,美国联邦最高法院对排除规则的适用设立了"最终或必然的例外"和"善意的例外"两个例外情形,缩小了排除规则的适用范围。

  与域外相比,我国的侦查权的运作方式不同,在我国,侦查阶段法官是不介入的,从而也就不存在那种西方各国都已确立的由中立的法院或司法官进行的司法授权和司法救济机制。我国在确立非法证据排除规则之初,一个重要目的就是防止冤假错案的发生,回顾《关于办理刑事案件排除非法证据若干问题的规定》和《关于办理死刑案件审查判断证据若干问题的规定》的出台背景,即可得出这一结论。因此,既不能随意泛化非法证据排除规则的适用对象,也不能与有些证据在审查认定中因存在某些程序瑕疵或者不符合法定要求而被弃用混为一谈。[1]

---

  [1] 卞建林:《排除非法证据的制度反思》,载《当代法学》2023年第3期。

1. 排除非法证据的适用对象

在我国的立法和司法实践中，主要根据非法证据的表现形式将其区分为非法言词证据、非法实物证据和非法派生证据。由于非法证据排除规则是一种事后制裁措施，把已经收集到的可以证明被追究人犯罪事实的证据，因收集手段方法违反法律规定而将其排除，不作为认定被追究人有罪的根据，是要付出一定代价的，在个案上甚至可能产生放纵罪犯的风险。因此我国在讨论建立非法证据排除规则时，既期望借此规制侦查人员的侦查活动，遏制刑讯逼供、暴力、威胁等非法取证行为，又考虑排除非法证据的范围不宜过大，以避免造成放纵犯罪、打击不力的负面影响。表现在规则的设计上，强调以排除非法言词证据为主，非法收集的实物证据一般不排除，而毒树之果即非法派生证据则完全不排除。除非法的言词证据，也限于排除采用刑讯逼供等非法手段收集的犯罪嫌疑人、被告人口供，和采用暴力、威胁等非法手段收集的证人证言、被害人陈述。一定意义上说，我国的非法证据排除规则就是针对排除非法言词证据而建立和发展的，而排除犯罪嫌疑人、被告人非法供述又是排除非法言词证据的重点，因此成为整个非法证据排除规则的重中之重。

非法实物证据与非法言词证据相比，具有一个突出的特点，即发生虚假的可能性较小，可信度较高。即使是采取违法的方法去收集,如违法搜查、扣押,一般也不会改变物证本来的属性和状态。在此情形下,可以考虑在一定的范围内采用非法取得的实物证据。[1]显然,对非法实物证据而言,规则制定者考虑的不仅是取证手段的违法性,更看重的是手段违法性对证据真实性的影响。对此,有学者指出这种确定是否排除的标准仍然是重证明力、轻证据能力的,也是一种特殊的重实体、轻程序的表现。[2]由于我国刑事强制措施中不存在对物的强制措施,对搜查、扣押等侦查行为也未建立司法审查和令状许可制度,侦查机关采取搜查、扣押行为自行决定、自行执行。因此在司法实务中违法收集实物证据的问题显得并不突出。从发展的角度看,随着实物证据和科技证据在刑事诉讼中的运用愈来愈广泛,加强对非法实物证据的审查和排除将愈来愈重要。而要完善非法实物证据排除规则,首先要完善收集提取实物证据的法律规范和法定程序。应当优化侦查职权配置,强化对侦查权的规制和监督;应当区分强制性侦查行为与任意性侦查行为,对强制性侦查行为实行司法审查和令状许可制度;应当完善搜查、扣押、监听、窃听等法定程序,以规范实物证据的收集和运用,为非法实物证据的

---

[1] 陈光中、张小玲:《论非法证据排除规则在我国的适用》,载《政治与法律》2005年第1期。

[2] 陈瑞华:《非法证据排除规则的中国模式》,载《中国法学》2010年第6期。

排除奠定良好法治基础。

非法派生证据即"毒树之果",指侦查人员通过刑讯逼供等非法手段获取犯罪嫌疑人供述后,再根据此供述或以此为线索所获取的物证、书证。我国现行关于排除非法证据的规定未涉及"毒树之果"的问题,因此,非法证据的排除不包括非法言词、实物证据的派生证据。[1]然而,排除"毒树之果"的缺失除了在内容上导致非法证据排除规则不完整外,更为严重的是必将导致刑事司法实践中出现规避或架空非法证据排除规则的情况,甚至出现反向激励非法取证的恶劣后果,最终消解非法证据排除规则的效果。由非法言词证据派生的毒树之果,还涉及重复供述的问题,即通过刑讯逼供等非法方法获取首次有罪供述,而后利用此次有罪供述中非法方法的持续影响再次获取有罪供述。如果毒树之果不排除,那意味着即使首次有罪供述因取证方法违法而被排除,此后的重复供述仍然具有可采性。《严格排除非法证据的规定》,首次明确将重复性供述纳入排除非法证据的适用范围。

2. 发挥程序性价值的引导作用

非法证据排除规则规制的是证据的证据能力,而不是证明力问题。证据能力是对证据的法定要求,决定证据材

---

[1] 陈瑞华:《非法证据排除规则的适用对象——以非自愿供述为范例的分析》,载《当代法学》2015年第1期。

料能够具有法定证据资格,能够作为证据被认定和采信。证明力是证据材料与待证事实之间的关联程度,关联度大即证明力强,关联度小即证明力弱。证据必须先具备证据能力,才能被讨论证明力的问题。非法证据排除规则的规制对象是证据的证据能力,将通过非法取证行为获取的证据材料排除在定案根据之外,从而保障犯罪嫌疑人的合法权益。非法证据排除规则保障的是证据的合法性而非真实性,具有明显区别于其他证据规则的制度价值。因此,非法证据排除规则追求的是程序公正价值,从程序意义上制约侦查人员的取证方式,维护司法的程序正义。

程序法的价值功能既体现在宏观的制度建构方面,也体现在微观的规制公权力行使方式上,以落实人权保障的目的,维护法的稳定性。法律程序的合理设置是程序法治的内在要求,程序法治强调法律的理性主义和自由价值。法律程序是对法律运行的方式、步骤作出的规定,意在保证实体权利实现方式的合法性,同时法律程序反映权利主体之间利益的平衡以及不同法的价值之间的优先性。程序价值的作用也体现在结果意义上,平衡控辩双方之间的力量对比,从形式上看反映了制度设计的程序性价值,但实质上影响对利益相关方实体权益的处置,排除非法证据相关规则的实施即强化了程序价值对实体结果的积极引导作用。非法证据源于侦查人员的违法取证行为,产生于证据收集的过程之中,然而需要说明的是,非法证据意在强调证据的取得方式是非法的,并非对取得的证据真实性的评价。从实践中看,多数被认定为非法取得的证据,其具有一定的真实性,对这些证据仍然选择排除采信,实则是对其取证方式的否定,因为非法的取证方式侵害了犯罪嫌疑人、被告人的权利,违背人权保障的初衷。

无论是公安机关还是人民检察院,都可以自行采取几乎所有的强制侦查措施。而且,遭受违法行使侦查权侵犯的犯罪嫌疑人往往无法通过法律赋予的救济机制实现维护自身权益的目的,这也表明设立非法证据排除规则的重要价值。在实践中,非法证据最常见的是以刑讯逼供等强迫取证行为为表征,在排除非法证据的范围方面,根据《刑事诉讼法》第56条的规定,强制排除的范围包括,对于采用刑讯逼供等非法方法收集的犯罪嫌疑人、被告人供述和采用暴力、威胁等非法方法收集的证人证言、被害人陈述;裁量排除的范围是不符合法定程序,可能严重影响司法公正的物证、书证。《严格排除非法证据的规定》明确,采取殴打、违法使用戒具等暴力方法或者变相肉刑的恶劣手段,使犯罪嫌疑人、被告人遭受难以忍受的痛苦而违背意愿作出的供述,应当予以排除;同时规定,采用非法拘禁等非法限制人身自由的方法收集的犯罪嫌疑人、被告人供述,应当予以排除。可以看出,考察相关证据是否系非法取得,实际上衡量的标准在于是否达到了强制犯罪嫌疑人、被告人以致其作出非自愿供述的程度。对言词证据与实物证据区分两种不同程度的排除方式,是出于二者与自愿性供述不同程度的关联,言词证据主观性更强,以非法取证方式获得的言词证据更有可能威胁到犯罪嫌疑人、被告人反对强迫自证其罪权利的实现,故对此种证据应强制排除适用。在非法证据排除的适用阶段方面,《刑事诉讼法》第56条第2款规定:"在侦查、审查起诉、审判时发现有应当排除的证据的,应当依法予以排除,不得作为起诉意见、起诉决定和判决的依据。"规定非法证据排除规则的适用阶段与反对强迫自证其罪原则的适用范围保持一致,从而在整个刑事诉讼过程中保障其发挥人权保障作用。

3. 违法控制理论的体现

如前文已述,排除非法证据是对证据取得方式的否定,而非对证据证明力的否定,究其原因,在实现人权保障这一宗旨性目的之下,需要从控制违法的角度对取证方式进行引导。一方面,控制违法取证行为可以达到平衡侦查机关与被讯问人之间力量对比悬殊的情况,从而实现规制公权力,保障被追诉人合法权益的目的;另一方面,通过排除非法证据的方式控制违法取证行为,是从侦查的结果意义上对侦查机关的违法取证结果进行的否定,否定此类证据的证据能力,如此一来,则可以倒逼侦查机关采取合法的取证方式，以防范侦查取证权力的滥用。侦查权本身具有扩张性，可以对犯罪嫌疑人采取一定的强制措施，而侦查讯问权是纳入侦查权之中的，基于侦查权行使的强制性，侦查讯问活动容易使犯罪嫌疑人的合法权益受到侵害。法律规则的设置是为了保证权力在合理的模式下行使，非法证据的出现是违法行使侦查权的直接表现。《严格排除非法证据的规定》明确，侦查机关应当依照法定程序开展侦查，收集、调取能够证明犯罪嫌疑人有罪或者无罪、罪轻或者罪重的证据材料，即是对侦查取证权的规制。该规定同时明确了排除非法证据的范围，较为具体地对侦查机关的取证行为作出限制。基于违法控制理论的非法证据排除制度也是对侦查讯问活动中自由裁量权的约束，行政机关在执法中享有一定的自由裁量空间，其目的在于保障权力运行以及法的社会效果的实现。因此，为约束行政机关的自由裁量权，应对其作出合理限制，使其从内部控制上形成自我约束，外部控制上形成立法控制、司法控制等多元控制模式。

(二) 排除非法证据的实践障碍

非法证据排除制度不仅可以使当事人，特别是犯罪嫌疑人、被告人的权利免受不法侵害，也对相关国家机构形成制约，使其在处理刑事诉讼案件的过程中严格依照法律和司法解释的规定进行。在司法实践中，侦查机关、检察机关、审判机关主动发现并排除非法证据存在一定阻力。这是由于侦查机关以打击犯罪为主要目的，常常又是非法证据的取得主体，难以主动排除。检察机关在审查起诉阶段，不易发现案件中存在的非法证据。有些法官会考虑到与其他办案机关的关系问题，担心会出现否定侦查及检察机关工作的后果。同时，当事人申请排除非法证据也存在一定困难。由于讯问环境的封闭性等诸多原因，犯罪嫌疑人往往难以提供线索。还有的法官由于对排除非法证据的规定产生误解，要求当事人提供相关证据加以证明。这无疑加重了被告方申请排除非法证据的负担。

　　法官应当作为中立的第三方介入侦查程序，对于所有涉及公民权益的强制侦查行为，诸如逮捕、羁押、拘留、监视居住、取保候审、搜查、扣押、窃听、通缉等应当由法官发布司法许可的令状。当然，如果存在"紧急情况"，侦查机关也可自行采取有关的强制措施，但必须在采取强制措施后，立即向法官报告，由后者在听取侦查人员和犯罪嫌疑人及其辩护人双方的意见后，作出相关的书面裁定。另外，在刑事司法实践中，经常发生以非法行为作为条件或者以非法证据为线索而得到其他证据，即所谓的"毒树之果"。"毒树之果"是以非法方法收集的证据为线索，再用合法方法收集的证据。其中前者以非法方法收集的证据是"毒树"，后者用合法方法收集的证据是"毒树之果"。[1]"毒树之果"来源于英美法系的规定,美国对"毒树之果"采取一律排除的态度,英国的做法是赋予法官一定的自由裁量权,由法官根据取证过程中的违法程度决定是否排除。

根据我国《刑事诉讼法》规定的非法证据排除规则,对以非法方法取得的言词证据采取绝对排除的做法,而对于实物证据,则采取裁量排除的态度。从这一立法意图中可以看出,在适用非法证据排除规则中,对言词证据与实物证据是区别看待的。可以说反对强迫自证其罪原则的确立力图砍掉"毒树",但非法证据排除规则具有救济的滞后性,犯罪嫌疑人、被告人的口供仍然可能以非法取证的方式获取,从而结出"毒树果实"。如果"毒树果实"不被"禁食",将无形中强化非法取证行为的动力。如果绝对"禁食""毒树果实",在我国现有的侦查水平和犯罪高发的现实状况下,又是不可取的。尽管非法证据排除制度已经初步建立,但在立法和实践中还存在不少问题,一定程度上制约着我国排除非法证据制度的发展和完善。

1. 侦查机关排除非法证据中的问题

根据我国《刑事诉讼法》规定,在侦查时发现有应当排除的证据的,应当依法予以排除,不得作为起诉意见的

---

[1] 汪建成:《中国需要什么样的非法证据排除规则》,载《环球法律评论》2006年第5期。

依据。从这一规定上看,无论在诉讼理论还是实践中均存在问题。一方面,非法证据是由侦查人员的讯问活动获取的,侦查人员作为讯问主体,法律规定由侦查人员排除非法证据,在实践中可操作性较低。非法证据排除规则的制约对象为侦查人员,规定由侦查人员自己监督自己,较难实现立法目的。另一方面,从实践上看,侦查阶段由公安机关主动排除非法证据的程序规定不切实际。《公安机关办理刑事案件程序规定》第71条规定,侦查阶段发现非法证据应当经县级以上公安机关负责人批准排除。这种排除程序可操作性不强,侦查人员发现"非法证据",能够主动放弃,不作为证明犯罪嫌疑人有罪的证据就已经相当不错,[1]而规定其发现非法证据后经县级以上公安机关负责人批准排除很难实现。

2. 审查起诉阶段排除非法证据中的问题

审查起诉阶段在我国刑事诉讼程序中是一个独立环节,是联系侦查程序与审判程序的重要阶段。在审查起诉中,检察院既作为国家公诉机关,对侦查终结移送起诉的案件进行审查,决定是否提起公诉,检察院又作为法律监督机关对侦查活动是否合法进行监督。我国《刑事诉讼法》明确规定,在审查起诉中发现有应当排除的证据的,应当依

---

[1] 参见李玉华:《侦查制度改革实证研究》,载《中国刑事法杂志》2018年第6期。

法予以排除，不得作为起诉决定的依据。据有关实证研究，实践中审查起诉阶段非法证据排除调查的启动频率要高于庭审阶段非法证据调查的启动频率。[1]显然，在审查起诉阶段排除非法证据的意义不容小觑。然而，司法实践也暴露出在审查起诉阶段，排除非法证据存在的一些程序性难题。一方面，在审查起诉阶段处理排除非法证据问题的程序是调查核实程序。由于调查核实缺乏明确的程序要求，也不具备典型的诉讼形态，因此当事人及其辩护律师的诉讼权益容易受到损害，其排除非法证据的请求和愿望也较为困难。另一方面，从审查起诉阶段排除非法证据的效果上看，很少会直接导致撤回案件，或者不起诉，更多地会通过替代、补正、退回补充侦查等方式对"非法证据"进行补救，以致于"非法证据"的缺陷在审查起诉阶段得以补充，进而导致在法庭审理阶段，被告人及其辩护人提出的排除非法证据的申请很难得到支持。

3. 审判阶段排除非法证据中的问题

在审判阶段判处非法证据更具典型意义。目前在审判阶段排除非法证据，我国确立了一系列制度，包括启动方式、初步审查、正式调查、证明责任、处理方式等。但实践中仍表现出一些问题。首先，在2021年3月1日起实施

---

[1] 参见李玉华：《侦查制度改革实证研究》，载《中国刑事法杂志》2018年第6期。

的《刑诉法解释》出台前,上一版《刑诉法解释》第100条第2款规定:"对证据收集合法性的调查,根据具体情况,可以在当事人及其辩护人、诉讼代理人提出排除非法证据的申请后进行,也可以在法庭调查结束前一并进行。"也就是可以与犯罪事实调查程序混合进行。这种"一并进行"的方式不符合诉讼逻辑和裁判规律,将直接影响非法证据排除规则的实施效果。因为,排除非法证据的目的是将通过非法方法获取的证据排除在案件事实认定根据之外,而"一并进行"是将可能排除的证据与合法证据混同接受法庭调查,从而很大程度上影响法官对非法证据的重视和判别。首先,2021年《刑诉法解释》虽然明确规定,"庭审期间,法庭决定对证据收集的合法性进行调查的,应当先行当庭调查",但同时又规定,"但为防止庭审过分迟延,也可以在法庭调查结束前调查"。可见,该解释仍保留了"一并进行"的方式。其次,庭前会议对排除非法证据作出处理,与刑事诉讼相关规定存在衔接问题。2012年《刑事诉讼法》增设了庭前会议制度,[1]目的是保证庭审质量,提高审判效率。根据法律规定,庭前会议不对案件的实体问题和程序问题作出决定。但最高人民法院有关司法解释赋予庭前会议对排除非法证据等可能导致庭审中断的程序

---

[1] 我国《刑事诉讼法》第187条第2款规定:"在开庭以前,审判人员可以召集公诉人、当事人和辩护人、诉讼代理人,对回避、出庭证人名单、非法证据排除等与审判相关的问题,了解情况,听取意见。"

性事项作出处理的权力，存在与刑事诉讼法相关规定的衔接问题。最后，庭前会议作为法庭审理的准备活动，如实际承担庭审功能，则可能影响庭审的实质化。而且，庭前会议不公开进行，对于被追诉方而言，法院在庭前会议后作出的决定缺乏必要的救济途径，不利于对被追诉人诉讼权利的保障。

五、远程侦查讯问

现代信息技术的迅猛发展给司法实践带来了深刻影响，在司法实践中逐渐形成了非接触式讯问方式，即侦查人员以计算机为载体，借助远程信息技术，辅助以录音录像、云端存储、数据传输、即时通讯等方式完成对犯罪嫌疑人的审讯流程。远程侦查讯问在疫情时期的应用需求显著，体现了新技术在刑事诉讼中的嵌入。随着信息技术的发展，远程侦查讯问越来越多地运用于侦查和诉讼中，作为司法信息化建设的重要成果，远程侦查讯问在带来提高侦查效率、节约侦查成本等积极作用的同时，也存在一些实践问题有待解决。

（一）远程侦查讯问的积极价值

关于远程侦查讯问，我国现行《刑事诉讼法》没有作出具体规定，其内容主要体现在最高人民法院、最高人民检察院、公安机关发布的规范性文件中。比如，2010年10月最高人民检察院、公安部联合发布《关于审查逮捕阶段讯问犯罪嫌疑人的规定》（已失效），第11条明确检察人员当面讯问犯罪嫌疑人有困难的，可以通过检察专网进行视频讯问。又如，2014年5月，最高人民法院、最高人民检察院、公安部联合发布《关于办理网络犯罪案件适用刑事诉讼程序若干问题的意见》（已失效），其第12条规定，询（讯）问异地证人、被害人以及与案件有关联的犯罪嫌疑人的，可以由办案地公安机关通过远程网络视频等方式进行询（讯）问并制作笔录。再如，2020年9月施行的《公安机关办理刑事案件程序规定》第352条第2款规定，办案地公安机关可以委托协作地公安机关协助进行远程视频讯问、询问，讯问、询问过程应当全程录音录像。但是，远程侦查讯问并不是简单地将网络信息技术应用于讯问中，远程侦查讯问将带来讯问活动的重大变革。司法实践中，远程侦查讯问的适用较为广泛，可以提升诉讼效率，也有利于弱化侦查人员与犯罪嫌疑人因面对面所带来的对抗性，还可以在一定程度上消解侦查人员对口供的依赖，促使侦查理念的转变。具体而言，远程侦查讯问具有以下突出的积极价值。

第三章 现行侦查讯问制度理论与实践问题

1. 提升侦查效率

传统侦查讯问需要由侦查人员在看守所对犯罪嫌疑人以面对面方式实施讯问，个别位于偏僻地区的看守所，还需要侦查人员耗费较长的时间才能抵达。尤其在"案多人少"的现状下，日益增长的案件数量与基层侦查人员编制不相匹配，侦查人员人手不够，侦查讯问的质量有待提高。而远程侦查讯问可以避免到看守所提审节省侦查人员的在途时间，在某些地区侦查人员通过远程视频讯问在较短时间内可以实现对多起案件的审讯，节约侦查成本。尤其随着大数据、人工智能等技术在侦查中的广泛应用，从长远来看，远程侦查讯问将明显提升侦查效率。

2. 抑制非法讯问手段

刑讯逼供等非法讯问手段多出现在面对面的直接讯问活动中，而远程侦查讯问最大的优势是突破了空间限制，侦查人员与犯罪嫌疑人通过视频系统实现非接触式讯问，规避了侦查人员对犯罪嫌疑人采取肉刑取证的可能性。另外，新型审讯系统的建设，如大数据支撑下的以行为科学分析为主导的审讯技术（人机交互技术、生理检测技术、面部表情识别分析技术、肢体行为分析技术、语音情感分析技术，等等），使得犯罪嫌疑人供述的语义分析，表情、动作以及说话频率的判断也日益成熟，远程侦查讯问供述的可靠性也得到了进一步保障，但目前条件下，宜采用现场讯问与远程讯问相结合的方式，以现场讯问为主，远程讯问为辅，而不能完全依赖远程讯问。

3. 降低口供依赖性

非接触式侦查促使侦查人员转变讯问策略，可以降低侦查人员对口供的依赖程度，从"由供到证"向"由证到供"转变。当前司法实践中，远程侦查讯问主要针对的是简单、轻微刑事案件，或者在多次线下讯问后再通过远程讯问对案件信息进一步完善或对新发现线索予以印证的临时性讯问。远程侦查讯问可以减弱侦查人员对犯罪嫌疑人口供的依赖程度，避免传统侦查讯问给犯罪嫌疑人带来的身体、精神和心理压迫。随着技术进步以及犯罪结构的变化，可以想见，远程侦查讯问在未来大有可用空间。

(二) 远程侦查讯问的实践困境

远程侦查讯问的出现是现代信息技术与刑事侦查制度交融的必然结果，作为一项新举措，难免与现行制度、价值理念产生冲突，导致实践中面临适用困境。

1. 程序性保障缺失

侦查讯问活动具有天然的压迫性，尤其体现在面对面的现场讯问中，远程侦查讯问也当然地具有压迫性基因，需要通过程序性保障措施，约束侦查机关讯问权的行使，同时赋予犯罪嫌疑人防御性权利，实现保障人权的目的。

然而，远程侦查讯问在规范层面上还远远不足，现有法律规范中只规定了可以在特定的情况下实施远程侦查讯问。2020年《公安机关办理刑事案件程序规定》第352条第2款规定，办案地公安机关可以委托协作地公安机关协助进行远程视频讯问、询问，讯问、询问过程应当全程录音录像。而对于远程侦查讯问如何实施、如何运行以及犯罪嫌疑人、辩护人的权利如何保障都没有具体规定。当前远程侦查讯问的法律规范缺失导致司法实践中缺乏统一操作规范，比如，犯罪嫌疑人是否享受程序选择权，是否可以选择适用现场讯问或者远程讯问方式，缺乏统一标准。因此，法律规范的不完善极易导致侦查权的扩张和犯罪嫌疑人权利保障不足的问题，亟须在立法中对远程侦查讯问制定可操作性的规则。

2. 非亲历性影响获取信息的准确性

作为一项重要的诉讼原理，司法亲历性是司法人员准确认定案件事实，彰显程序正义的必然要求。侦查讯问活动的直接目的是获取侦破案件的证据，讯问人员与犯罪嫌疑人面对面有利于该目的实现，因此，侦查讯问活动的功能及特点决定讯问活动应当以面对面的方式为主，也就是现场讯问，更应强调司法亲历性。相比现场讯问，远程侦查讯问具有非接触性，远程办案的"虚拟性"尤其是远程音视频信息呈现隔空、虚拟等特点，可能导致讯问方式的改变，容易导致侦查人员对犯罪嫌疑人供述信息的理解与判断存在偏差。远程侦查讯问使侦查人员与犯罪嫌疑人之间能够隔空实现接触，但这种隔空接触并不能等同于物理空间的面对面接触，必然使司法亲历性打了折扣，从而影响讯问效果。远程侦查讯问在亲历性方面存在以下问题：①犯罪嫌疑人供述真实性判断困难。在传统侦查讯问中，侦查人员可以通过观察犯罪嫌疑人的眼神、动作、表情等肢体语言来判断供述的真实情况，而远程讯问过程中鉴于技术、环境、氛围等的限制，很难对犯罪嫌疑人供述的真实性作出判断。②技术瓶颈影响远程讯问可靠性。技术不是万能的，很可能会受到网络中断、信号欠佳、内存不足、画质不清晰等客观因素的影响，导致远程讯问可靠性弱，被黑客攻击，甚至因技术被不当利用，所获的信息真实性存疑等问题。③一些侦查讯问技巧难以在远程讯问中发挥作用。在传统侦查讯问活动中，侦查人员往往会研究并采用一些合法的讯问策略，比如心理学讯问方法、"由证到供"等，而远程侦查讯问使侦查讯问策略和方法的使用范围受限，特别针对具有丰富反侦查经验的犯罪分子几近失灵，无形中会增加案件侦破难度。

3. 辩护权行使受到阻碍

刑事侦查阶段是侦查人员与犯罪嫌疑人对抗最为激烈的场域。由于侦查讯问的封闭性、强制性，与侦查权力相比，犯罪嫌疑人处于弱势地位，刑事诉讼法赋予被追诉人辩护权，目的是保障被追诉人诉讼权利，在侦查阶段中则体现为对犯罪嫌疑人委托辩护，获得法律帮助权利的保障。辩护律师是犯罪嫌疑人权利的捍卫者，是实现控辩对抗的重要力量。远程侦查讯问同样应保障犯罪嫌疑人的合法权益，但辩护律师在远程讯问中缺乏实质参与权。一是远程侦查讯问中辩护律师不能向侦查机关申请在场旁听讯问情况或者通过远程终端实时听取讯问实况；二是侦查机关可以自行决定是否采取远程讯问方式，而辩护律师无权申请变更审讯方式；三是辩护律师在犯罪嫌疑人被采取强制措施后，犯罪嫌疑人不愿意接受远程讯问，辩护律师会见了解情况后，缺乏正当渠道向侦查机关提出意见。

4. 缺乏有效监督

远程侦查讯问的技术设备由侦查机关操控，由于拍摄角度的选取，实践中存在只拍摄犯罪嫌疑人上半身的情况，不利于侦查监督。根据我国《刑事诉讼法》的规定，侦查机关、检察机关、审判机关三者之间是分工负责、相互配合的关系，导致作为法律监管机关的检察机关，很难实质上对具有较强封闭性的侦查讯问活动进行监督，只能通过对移送的讯问同步录音录像等材料进行审查或者以提讯犯罪嫌疑人的方式，对侦查讯问活动的合法性进行监督。在对讯问录音录像进行审查方面，如果远程侦查讯问是在对犯罪嫌疑人经过多次现场讯问，已经获取犯罪嫌疑人的稳定供述后再采取的，那么实际上，检察机关很难通过审查远程讯问录音录像，发现侦查人员违法讯问的问题。检察机关对侦查讯问活动的监督属于事后监督，而且远程侦查讯问属于侦查权独立行使的范围，司法实践中不仅检察机关难以介入监督，而且从侦查机关内部也很难对讯问的质量、范围实现监督。随之带来的问题是，如果远程讯问发生在多次现场讯问之后，容易造成远程侦查讯问存在"走过场"的风险。

第四章　侦查讯问程序法治化发展

侦查讯问在侦查程序中占有重要地位，它的质量在很大程度上制约着侦查的质量和结果，并直接影响案件最终能否得到公正处理。合法恰当地运用侦查讯问手段，可以增加侦破案件的概率，利于查明案件事实，从而实现犯罪控制这一刑事诉讼目标。侦查讯问法治化是一个理想目标，实现侦查讯问法治化，运用法律及程序有效规制侦查讯问权、切实保障公民的权利，同时通过法律制度的设计，最大程度地激励犯罪嫌疑人真实供述、保障实现侦查讯问的功能，实现公平、正义、文明、秩序等价值，是侦查讯问所追求的终极目标。然而，大概没有一种法律审查标准能保证犯罪嫌疑人在接受警察的审讯过程中完全不受逼迫，而要企图做到这一点只能绝对禁止警察的审讯。[1]侦查讯

---

[1]　[美] 佛瑞德·E. 英鲍等：《刑事审讯与供述》，刘涛等译，中国人民公安大学出版社2015年版，第351页。

问活动具有天然的强制性,并且我国现行法律中的相关规定(如"对于犯罪嫌疑人对侦查人员的提问,应当如实回答")就对这种强制性起了一定的强化作用。然而对于何为如实回答,不存在作详细界定的现实可能性,以致实践中对犯罪嫌疑人、被告人是否做了如实回答的掌握大多在于侦查人员的判断,这就为侦查机关的非法取证埋下了隐患。受口供中心主义、有罪推定等传统刑事司法观念的影响,我国的侦查讯问活动总体上比较注重讯问产生的结果价值,加之侦查机关在警力配置、办案经费、技术装备等方面的不足,导致以讯问获取的口供为案件的突破口依然是公安机关提高破案率的重要方式,实践中基层公安机关仍然采用摸底排查、确认重点犯罪嫌疑人后突击审讯获取口供的破案方法,这一定程度上可能影响刑事案件处理的公正性。完善我国刑事诉讼侦查讯问程序,促进其向法治化、文明化发展,是刑事诉讼法学界的一项重要研究任务。

一、易混淆的相关概念

实践中,合理适度地使用带有引诱、欺骗成分的侦讯策略,可以有效验证犯罪嫌疑人口供的真实性,对侦破案件可以起到事半功倍的效果。但应该注意的是,有些讯问策略的使用一旦超出合理的边界，则可能导致犯罪嫌疑人供述的虚假性，那么这些讯问策略应当被评价为非法讯问方法。

(一) 侦查讯问策略与非法讯问方法

侦查讯问作为侦查机关侦破案件最主要、最有效的途径，也是保障犯罪嫌疑人合法权益的软肋之一。侦查讯问的适用发端于纠问式诉讼模式，在该模式下国家追究犯罪实行法定证据制度，以致于刑讯逼供时有发生。正如贝卡里亚所说，"在诉讼中对犯人进行刑讯，由于为多数国家所采用，已经成了一种合法的暴行"，尤当侦查讯问可获取的线索能对案件侦破进展产生直接影响，特别是在立案之初缺少其他有力证据或其他侦查手段效率低、成本高的情况下。尽管如此，无论是英美法系国家还是大陆法系国家的现代刑事诉讼都毫无例外对刑讯逼供等不人道的讯问手段持零容忍态度。

侦查讯问的行为模式必然摒弃传统的"由供到证"的侦查模式。侦查讯问方法的选择应当结合侦查阶段的讯问条件，提高对实物证据的重视程度。科技的发展为讯问方法的多元化带来了便利，同时也对刑事司法的影响更加深刻，科技设备的运用具有客观性，相比被追诉人的供述来讲，对于证明案件真实方面有更高的证明力，因此科技手段的运用对于侦破案件具有天然的优势,特别是在被追诉人不认罪的情形下。我国现行《刑事诉讼法》规定在定案证据达到确实充分的证明标准下,即使没有被追诉人的供述,也不会影响到定罪量刑。基于此,作为较早介入案件的侦查机关而言,更应当从源头上逐渐摆脱传统的"口供中心主义"等旧有侦查观念的束缚,把目光更多地集中在实物证据的收集上,这样有利于形成对科学取证方式的倒逼效果,重视运用技术手段以及广泛采取其他多种审查措施,节约办案资源,同时为审判阶段的证据运用提供有效准备。

在侦查讯问活动中,作为讯问活动的参与者,侦查讯问机关与犯罪嫌疑人二者之间存在一种博弈关系,[1]我国现行《刑事诉讼法》对讯问犯罪嫌疑人的规定基本确立了我国侦查讯问规则体系,加大了讯问犯罪嫌疑人的透明度。我国 20 世纪 80 年代对侦查讯问相关问题的研究往往集中在讯问策略与讯问方法上,鲜对讯问规则的完善多着笔墨,因为当时的讯问目的相对具有追诉倾向,致力获得犯罪嫌疑人的供述,人权保障意识相对淡薄,相对忽视了赋予犯罪嫌疑人供述的自愿选择权。学术界对侦查讯问的研究侧重侦查讯问过程中的人权保障而很

---

〔1〕 毕惜茜:《侦查讯问中博弈原理探析》,载《铁道警官高等专科学校学报》2008 年第 4 期。

少考虑侦查效能的问题,其主要以侦查讯问过程中出现的非法讯问、刑讯逼供、威胁、引诱、欺骗等不合法甚至侵犯犯罪嫌疑人基本人权的侦查行为为切入点,通过对侦查讯问基本法理的阐述,以比较法上比较成功的制度、经验为借鉴,为我国侦查讯问程序的改革提出建议。与此不同,实务界以及许多公安院校的研究者则更多地关注如何更加有效地进行侦查讯问,其研究多以侦查讯问方法或者说侦查讯问策略为侧重点。就当前的研究状况来看,现有关于侦查讯问的研究成果主要集中在以下几个方面:侦查讯问的正当性问题研究;侦查讯问的功能;我国侦查讯问面临的问题,这其中又包括非法讯问的问题、侦查讯问策略。

侦查讯问对于直接取得有罪证据以及获取证据线索从而形成完整的证据链固然发挥着非常重要甚至是不可替代的作用,以至于侦查机关非常重视对侦查讯问技巧以及策略的研究,如今提及侦查讯问学及其内容大多是侦查讯问策略方面的问题。然而刑事司法实践也表明如果没有合理的程序设计乃至制度构建作为支撑,侦查讯问程序极易成为侵犯犯罪嫌疑人基本权利的重灾区。侦查讯问合法与非法的界限应当如何界定?这是解决当前非法讯问的顽疾。当然,在区分合法讯问与非法讯问的问题上,不宜对某些侦查讯问行为不加区分地全部划归非法讯问的范围并将非法讯问所取得的证据一概否定，科学的方法是在对侦查讯问行为的性质以及其可能危害犯罪嫌疑人的人身权利以及可能影响犯罪嫌疑人供述自愿性的程度的不同而区别对待。各国的立法态度以及学术界通说对非法讯问一般作出如下区分：一是通过暴力方法进行讯问，也即我们通常所说的刑讯逼供；二是暴力方法以外的其他方法进行讯问，一般来讲包括欺骗、引诱以及胁迫的方法。对于采取暴力方法进行侦查讯问的做法，国际上一般对其采取"零容忍"的态度。体现在国际公约当中，一般均采用"酷刑"以及"其他残忍、不人道或有辱人格的待遇或处罚"的表述。对于酷刑与刑讯逼供之间的关系，有学者认为虽然酷刑与刑讯逼供在客观方面有相似之处，但酷刑概念的外延明显比刑讯逼供要宽泛，刑讯逼供是酷刑最主要的表现形式之一。[1]因此，国际公约中禁止酷刑以及"其他残忍、不人道或有辱人格的待遇或处罚"的规定显然也包含禁止刑讯逼供的意思。对于暴力方法以外的其他方法进行的非法讯问的认定，学界已经形成一种基本的共识，即自愿性是犯罪嫌疑人供述具有可采性或者说证据能力的根本性前提条件。所有或多或少带有被迫性质做出的供述都是非自愿供述，都是非法证据，都应当被排除；侦查人员采用的讯问

---

[1] 参见陈卫东主编：《中欧遏制酷刑比较研究》，北京大学出版社2008年版，第17页。

方法只要对犯罪嫌疑人供述与不供述的意志自由产生了不适当的影响就属于非法讯问。此外，评价是否为非法讯问方法，还可以考虑侦查人员在讯问中是否具有善意目的，即如果侦查人员已经掌握的线索材料具有相当的证明力和指向性，出于揭穿谎言、验证虚假性的目的，所使用的讯问方法原则上属于讯问技巧；如果侦查人员出于向犯罪嫌疑人逼取口供的目的而采取的讯问方法，则原则上倾向于非法取证方法。

(二) 关于威胁、引诱、欺骗等讯问方法

对于合法讯问与非法讯问的划分，也有学者结合我国刑事诉讼法的相关规定以及具体的讯问方法进行了更细致的分析，提出了更具可操作性的标准。该学者首先对我国《刑事诉讼法》第52条所规定的威胁、引诱、欺骗的讯问方法做出划分，并且认为并非所有的方法都应当受到禁止，其中相当一部分具有道德容许性。原因有二：一是并非所有的威胁、引诱、欺骗的讯问方法都损害了正当性；二是并非所有的威胁、引诱、欺骗的讯问方法都会导致虚假供述。为了区分合法讯问与非法讯问，该学者提出，我国在采取引诱、威胁、欺骗的讯问方法时应当遵循两项原则：一是不得严重超越公众认可的道德界限，并使公众的良心感到愤慨；二是不应存在使犯罪嫌疑人做出虚假供述的危险。在此基础上,还应当作出一些禁止性规定,以使上述原则具体化并具有可操作性。[1]基于上述分析,该学者得出结论:《刑事诉讼法》不宜将所有的威胁、引诱、欺骗的方法都规定为非法方法,而只应将刑讯逼供、以严重危害社会公德并达到使公众的良心感到愤慨和可能导致虚假供述的讯问方法规定为禁止使用。[2]这样区分的意义,首先在于区分了以暴力方法侦查讯问即刑讯逼供,与威胁、引诱、欺骗等其他方法。其次,其初步认识到了威胁、引诱、欺骗等方法不可不加区分地全部肯定或否定。然而,即便在威胁、引诱、欺骗这些讯问方法之间,其所具有的强制性以及因此而影响犯罪嫌疑人供述自愿性的作用也是高低有别的。对于这一点,有学者认为,刑事审讯不可避免地带有欺骗的成分,适度欺骗是刑事审讯的基本方法之一,与威胁和引诱相比,国际刑事司法准则对欺骗的侦查讯问方法的容忍度是比较高的。引诱的方法与欺骗方法相比更容易损害供述的真实性,因而其合法性较低,但采用法律

---

〔1〕 这些禁止性规定包括:对于欺骗性策略,法律不应加以过多限制,而是应当给予较大的适用空间,但对于假扮辩护律师的情况应当予以禁止,此外也不得使用"再生证据";对于威胁、引诱的策略,应对以下几种予以禁止:以暴力进行威胁,用犯罪嫌疑人无辜的亲友作为筹码进行威胁,歪曲政策法律规定,使用手铐、拘留证、逮捕证之类的"道具"作为威胁手段以及指名问供。参见刘梅湘:《对刑诉法第43条的反思》,载孙长永主编:《现代侦查取证程序》,中国检察出版社2005年版,第138页。

〔2〕 刘梅湘:《对刑诉法第43条的反思》,载孙长永主编:《现代侦查取证程序》,中国检察出版社2005年版,第138页。

第四章 侦查讯问程序法治化发展

允许的利益诱导也是比较普遍的做法。采用威胁、胁迫的方法进行侦查讯问通常是被禁止的。该学者指出威胁、引诱、欺骗的讯问方法存在一定条件下的容许性，但是其更强调在审讯方法上设置合理的界限严格禁止不当审讯。为此，其提出刑事审讯应当遵循的三项合法性原则，即法定原则、真实原则以及合理性原则。[1]

对于非法讯问，国际上通行的做法是严禁刑讯逼供，一致排除基于武力或强迫而获得的供述，但对于威胁、引诱、欺骗的讯问手段在一定的范围内可以运用。反观我国《刑事诉讼法》及相关司法解释的规定，对此问题则采取了更加激进的处理方式，不但严禁刑讯逼供，而且对于威胁、引诱、欺骗的讯问手段也不分情况一概禁止。[2]但是实践表明，这一规定不但没有起到遏制刑讯逼供等非法讯问的作用，反而因其规定的模糊性无意中给非法讯问留下了生存空间。由此也不难理解为何在法律规定看似如此明确的情况下却有学者直截了当地指出"威胁、引诱的审讯方法在我国很难界定为违法，也就是说，我国刑事诉讼法对威

---

[1] 参见龙宗智：《威胁、引诱、欺骗的审讯是否违法》，载《法学》2000年第3期。
[2] 我国《刑事诉讼法》第52条规定："审判人员、检察人员、侦查人员必须依照法定程序，收集能够证实犯罪嫌疑人、被告人有罪或者无罪、犯罪情节轻重的各种证据。严禁刑讯逼供和以威胁、引诱、欺骗以及其他非法的方法收集证据……"

胁、引诱的审讯具有更大的容许度"。[1]但笔者认为,基于我国刑事诉讼保障犯罪嫌疑人、被告人人权的目的,对威胁、引诱、欺骗的讯问方法并不具有法律意义上的容许度,威胁、引诱、欺骗的边界不好界定,以致于在实践中往往容易与侦查讯问策略混淆使用,因为侦查讯问策略也多是从攻破犯罪嫌疑人心理防线出发,如将此类讯问策略都认为是非法讯问方法,则有可能导致非法证据被扩大理解。事实上侦查讯问策略通常都带有某种程度上威胁、引诱、欺骗的成分,且立法对讯问策略并没有界定,常用的讯问策略主要有重点突破、迂回战术、声东击西、欲擒故纵、避实击虚等,为保障犯罪嫌疑人的合法权益不受非法讯问行为的侵害,有必要区分讯问策略与威胁、引诱、欺骗等非法讯问方法的界限。

域外经验来看,多数国家对威胁、引诱、欺骗的讯问方法保有一定的容忍度,但这种容忍度是在一定条件和范围之下的。如1942年美国《模范证据法典》规定,通过不大可能会产生错误陈述的威胁或允诺手段而获得的口供可

---

[1] 作者之所以得出这种判断,其理由有二:一是从法律制度上看,我国《刑事诉讼法》未明确规定犯罪嫌疑人、被告人享有沉默权,而实行"对侦查人员的提问,应当如实回答"的制度;二是从刑事政策上看,"坦白从宽"的刑事政策影响着犯罪嫌疑人接受讯问时的供述心理,在司法实践中,宣示这一政策是刑事审讯所采用的主要方法之一,但是从侦查人员的讯问心理出发,受有罪推定等传统侦查讯问观念的影响,这经常可能演变为典型的欺骗、引诱和威胁,即以宽大处理相引诱,甚至以从重处罚作威胁,目的是获得口供。

第四章 侦查讯问程序法治化发展

以运用。又如德国《刑事诉讼法》规定允许在讯问中实施一定程度的威胁、引诱,禁止以《刑事诉讼法》不准许的措施相威胁,禁止以法律没有规定的利益相允诺。[1]

就我国而言,在区分侦查讯问策略与威胁、引诱、欺骗的非法讯问方法中可以从以下几方面考虑,①严格依法行使侦查讯问权力,不得违反现行法的规定。②保证犯罪嫌疑人供述的自愿性,不得剥夺犯罪嫌疑人陈述的自由意志。自白任意性规则强调,作为对被追诉人定罪量刑依据的自白,必须具有自愿、非强迫等任意性特征。如果该侦查谋略的引诱和欺骗强度足以妨碍嫌疑人意志的自愿性和真实性,极易导致无辜的人违心作出有罪供述,则该侦查行为取得的供述应属于非法言词证据。③在社会公序良俗的范围内进行侦查讯问,坚持人道主义,不得违背最基本的道德约束。以下为具体区分方法:

(1) 区分威胁的讯问方式与威慑的讯问策略。威胁主要是使用威力使人屈服,而威慑是运用法定机制使犯罪嫌疑人迫于法律的压力而服从。毕竟通常来讲,出于趋利避害的本能,任何人自愿选择供述的可能性都很小,然而威慑的过度运用则容易演变成非法的威胁,因此为了避免这种情况发生,侦查人员在讯问中从内容上不能超越法定范

---

[1] 胡绍宝:《论"威胁、引诱、欺骗"在侦查讯问中的存在理性与适度运用》,载《山东警察学院学报》2007年第4期。

围之外进行威慑,并以可以保证犯罪嫌疑人供述的自愿性为底线。

(2)区分引诱的讯问方式与引导的讯问策略。引诱主要是指许诺利益以诱导犯罪嫌疑人作出供述,这种利益通常是无法实现的,而合法引导的讯问策略是以法律允许范围内可实现的利益或条件作出承诺,使犯罪嫌疑人在自主选择的基础上进行选择。

(3)区分欺骗的讯问方式与合法的讯问策略。欺骗主要是以隐瞒真相或是虚构事实的方式获取犯罪嫌疑人的供述,而合法的讯问策略主要是选择为公共道德所接受的具有一定欺骗性的讯问方法,这种方法在侦查讯问策略中可以说是不可避免的。美国刑事审讯专家英鲍曾有言,绝大多数罪犯不情愿承认罪行,从而必须从心理角度促使他们认罪,并且不可避免地要通过使用包括哄骗因素在内的审讯方法来实现。[1]就侦查讯问策略而言,具有一定欺骗性的讯问策略一般包括具有虚构事实特点的欺骗性方法(如虚构某种事实或者虚构某种证据)以及具有隐瞒真相特点的欺骗性方法(如隐瞒侦查人员已经掌握的证据或者隐瞒讯问的直接目的),然而这种讯问策略也需要在一定限度内进行,即不得通过具有欺骗性质的讯问策略诱导犯罪嫌疑

---

[1] [美]佛瑞德·E.英鲍等:《刑事审讯与供述》,刘涛等译,中国人民公安大学出版社2015年版,第275页。

人作出虚假的、不自主的供述,并且运用这种讯问策略不得超出社会公序良俗以及伦理道德底线。

二、侦查讯问程序法治化的路径选择

在现代刑事司法追求惩罚犯罪与保障人权兼顾的背景下,在我国社会对司法公正的渴求越来越强烈的背景下,如何能够使得我国侦查讯问活动走向"法治化"是一项必须且迫切需要解决的问题。法治化是国家治理现代化的重要路径,即坚持在法治轨道上推进国家治理体系和治理能力现代化。推进刑事诉讼程序法治化是提升国家治理体系和治理能力现代化水平的重要环节。以人民为中心是全面依法治国的根本政治立场,侦查讯问程序作为刑事司法活动的关键一环,应以保障犯罪嫌疑人合法权益为目标导向,在路径选择上从我国刑事司法现状、刑事侦查技术水平出发,完善侦查讯问程序。侦查讯问程序法治化是制度、理念及实践运行三者法治化的综合体,[1]实现侦查讯问程序法治化,要做到侦查讯问理念现代化,侦查讯问法律规范科学完备以及侦查讯问行为符合法律规定。

---

[1] 曹小丽:《侦查讯问法治化探究》,载《南昌师范学院学报》2018年第5期。

(一) 侦查讯问理念现代化转型

现代化是政治学、历史学、社会学和法理学等人文社会科学普遍关注的研究话题。现代化通常指从传统社会向现代社会转变的历史过程与结果状态。侦查讯问现代化是侦查学理论研究的重要议题，旨在回答侦查讯问发展的目标问题。理念是行动的先导，对制度构建与侦查讯问实践具有导向作用。侦查讯问现代化的推进，首先以侦查讯问理念的现代化为基础。侦查讯问理念涵盖侦查讯问属性观、侦查讯问目的观、犯罪嫌疑人权利保障观等内容，这些决定了侦查讯问立法及实践的发展方向以及侦查讯问程序构造。这就要求侦查讯问理念要符合法治的精神与要求，其也是现代侦查讯问活动区别于传统侦查讯问活动的关键所在。现代化始终与法治密不可分，现代化进程不断对法治提出需求，完善的法治才能有效保障现代化进程，同时法治也是现代化的重要组成部分。实现侦查讯问程序法治化，要以更新侦查讯问理念为前提，做到侦查讯问理念的现代化，在侦查讯问活动中自觉地以现代法治意识和诉讼观念为指导。

1. 由"侦查中心主义"转向"审判中心主义"

由"侦查中心主义"向"审判中心主义"模式转变，是刑事诉讼程序改革的重要内容。在刑事诉讼中，侦查权

第四章 侦查讯问程序法治化发展

处于诉讼程序开端,受"分工负责,互相配合,互相制约"的影响,侦查权的行使具有独立性,侦查活动较难受到制约监督。司法实践中也出现了"侦查中心主义"现象。"侦查中心主义"导致审判职能弱化,庭审流于形式的问题严重,以案卷笔录定案的做法尤为常见。侦查活动决定了刑事诉讼的走向,甚至庭审活动一度变成对侦查成果的确认。党的十八届四中全会提出以审判为中心的诉讼制度改革目标,以审判为中心作为诉讼理念贯彻刑事诉讼全过程是刑事司法改革的落脚点。

"审判中心主义",应理解为以审判活动为中心,而不是以审判权、法官或者以审判阶段为中心。审判活动即是在中立的法官主持下,在控辩双方及其他诉讼参与人的参加下,通过庭审的举证、质证及认证等环节认定案件事实、判定被告人的实体权益及重大程序争议等问题的活动,是一个多方参与的有机整体,有其特定的性质、内容和形式要求。如果强调"审判权或法官"中心论,则会片面理解审判活动,忽略控辩双方的参与和权利,甚至会淡化"庭审中心"的要求,有悖审判中心主义的主旨。如果强调"审判阶段"中心论,则会限缩审判中心主义的适用范围,将审前程序中关涉被追诉人基本权利的一系列强制性措施排除在司法审查之外,不利于对侦查权的限制、打破"侦查垄断"的强势格局。"审判中心主义"是指确认指控犯罪事实是否发生、被告人应否承担刑事责任应当由法官通过审判进行。强调审判不是对侦查结果的确认,而是对被告人是否有罪进行实质意义上的审理。"审判中心主义"强调审判程序的终局性与权威性,侦查、起诉与审判的诉讼递进关系,法庭审理的正当程序与实质意义,以及审判对审前诉讼行为的指引与规范。在以审判为中心的诉讼理念指引下,侦查讯问需要坚持以审判为中心的诉讼理念,按照审判活动认定证据的标准展开,保证侦查讯问获取证据的真实性、合法性和关联性。侦查讯问承担着查清事实、收集证据的关键作用,这是侦查主动性的体现,后续审查起诉和庭审裁判对侦查讯问层层过滤,而以审判为中心需要发挥后一道程序对前一道程序的逆向制约效果,使庭审活动发挥实质化作用。因此,侦查讯问中获取的证据,能够在庭审活动中得到认可,需要坚持以审判为中心的诉讼理念,这是侦查讯问现代化的内在要求。

"以审判为中心"的刑事诉讼程序改革存在客观阻碍。宏观上看,自"以审判为中心"的刑事诉讼程序改革推行以来,侦查机关、检察机关与审判机关出台了一系列具体的改革实施办法与细则,对改革所涉及的诸多方面进行合理规制,审判职能的核心作用得到了一定程度强化,但是具体到微观层面,相关制度在司法实践中的运行情况仍不容乐观,如证人不出庭、证言笔录宣读、庭审书面化等现

第四章 侦查讯问程序法治化发展

象依然常见。究其原因，主要在于以案卷笔录为核心的庭审模式，主要表现是法庭中举证、质证、认证和裁判的虚化。从表面上来看，虽然事实调查、证据认定以及言词辩论都是当庭进行，但是这些内容个别时候还是"走过场"，法官作出定罪量刑的依据并非直接来源于庭审信息，未审先定和庭后定案的情况仍有发生。从实际情况看，我国目前实行的全案移送制度使得法官在庭审前得以直接查阅全案卷宗材料，法庭审判往往伴随着对于侦控方在庭审前移送的大量笔录证据的审查和认定，以书面审代替直接审的情况仍有存在。由于被告人的当庭陈述以及申请证人出庭作证的要求法庭重视不够，在书面记载存在错误且难以通过有效途径进行质疑和辩驳的情况下，冤错案件的发生也就成为可能。为顺利推进"以审判为中心"的刑事诉讼程序改革，有必要确立并贯彻直接言词原则，推动侦查、审查起诉、审判阶段观念转变，对于所有的刑事诉讼制度程序进行统筹考虑，树立为庭审实质化服务的理念。

一方面，在侦查讯问中消除"以侦查为中心"的思维定势，以审判程序对证据的认定标准收集证据。"以侦查为中心"也就是"笔录裁判"，相对于犯罪嫌疑人而言，侦查机关更具有优势地位，侦查获取的证据包括讯问笔录对法庭认定事实具有预设效力。随后的审查起诉和审判主要依据侦查收集的证据形成卷宗，成为对侦查结论的确认，如果侦查讯问获取的犯罪嫌疑人供述不真实，则较容易"一错到底"，甚至可能酿成冤假错案。在"以侦查为中心"的思维习惯下，少数侦查人员可能认为只要抓到犯罪嫌疑人并拿下口供，就万事大吉。更有甚者，在讯问中往往因为缺乏基础证据，面对犯罪嫌疑人，在讯问技巧上缺乏有效性，即使被讯问人确实实施了犯罪行为，也难以有所收效。从结果上看，或者一无所获，或者给人留下非法讯问的想象空间，经不起审判阶段的检验。

另一方面，裁判信息应直接来源于庭审活动，法官必须亲自从庭审中获取定案所需的实质性内容，不得仅以书面审理等间接方式作出判决。既要坚持直接审理原则，目的在于确保审判员亲自听取证人证言以及当事人的陈述和辩论，并直接观察相关人员和证据的实际情形，在法庭上直接获取案件信息，查明事实真相并作出公正判决。又要坚持言词审理原则，只有经过言词陈述的方式质证和认证的证据才具有成为定案依据的资格，法庭审理的方式应当以言语陈述、问答和论辩的形式展开，避免书面化和行政化的审理方式。直接审理原则与言词审理原则共同构成了直接言词原则，具体包括以下四方面：①出于直接言词原则对证据原始性的要求，除非有特殊情况，原则上言词笔录不具有证据资格，不能作为法庭调查对象，更不能作为法官裁判的依据；②提高证人出庭作证率，摆脱依赖卷宗笔录定案的模式，实现法庭审理"由虚转实"；③构建与完善合理的证据开示制度，保证控辩双方有效质证的实现，使审判者在庭审时能够获得更多信息，确保庭审内容的实质化；④建立法庭上的交叉询问机制，避免书面审理与单方质证的片面性与偏见性。另外，侦查中获取的口供笔录、证人证言可以作为起诉的证据，但是不得作为定罪量刑的根据，一切定罪量刑的根据都必须来源于法庭。

2. 从"由供到证"转向"由证到供"

在刑事侦查活动中，"由供到证"侦查理念根深蒂固，侦查人员围绕犯罪嫌疑人的供述决定侦查方向和策略。如果犯罪嫌疑人不愿供述，侦查人员可能会采取非法方法获取犯罪嫌疑人的供述，在以往刑事司法实践中出现的冤假错案便是例证。犯罪嫌疑人的口供是证据的重要来源，在证明犯罪事实方面发挥了关键作用，但是现代化的侦查理念要求口供不应当主导侦查讯问活动，其他类型证据不应当变成对口供的佐证。因此，实现侦查讯问理念现代化，就要做到侦查取证思路实现从"由供到证"到"由证到供"的转变。"由证到供"强调侦查人员应当降低对口供的依赖，提升侦查技能，运用信息化手段加强对其他类型证据的收集、固定和研判。对于侦查阶段认罪认罚的犯罪嫌疑人不应当只局限于其自愿供述，"犯罪事实清楚，证据确实、充分"的证明标准不能人为降低，依然要加强证据收集判断。

首先，侦查主体在侦查阶段应将口供中心的取证观念转变为全面取证观念。主要表现为现场勘查高质化、立案启动的证据审查化、侦查讯问程序合理化与侦查鉴定程序科学化。"唯口供"与"唯物证"的取证观念都是十分片面的，侦查机关作为刑事诉讼启动主体，其取证的观念直接影响后侦查阶段的证据审查。因此，在侦查取证过程中，侦查机关应当具备全面的取证观，无论证据收集过程中的难易、利弊，都应当从有利于诉讼的角度出发全面收集证据，并且在侦查程序全程加以体现。现场勘查作为"初动侦查"，应当保持常态、客观、全面、细致、合法。由于现场实物证据较多且难以复制，侦查主体应当更加注意现场勘查取证的成功率以及证据的诉讼利用率，提高现场勘查质量。

其次，公诉主体应当将口供中心的公诉观念转为相对客观中立的公诉观念。主要表现为检察机关参与指导公安机关重大案件取证常态化、检察官证据审查中立化及考评机制科学化。由于公、检、法三机关特殊的构造关系，检察机关往往更愿意顺应公安机关的侦查结论，相信口供证据的真实性而忽视了正当性与合法性审查，或者据供追诉，这种追诉方式在实务中弊端丛生。公诉机关在口供审查转变机制建构中应秉持相对中立的态度，这种中立态度即检

第四章 侦查讯问程序法治化发展

察官客观义务,它是指检察官为了发现案件真实,不应站在当事人的立场,而应站在客观的立场上进行活动[1]。为了转变偏重依赖口供审查提起公诉的传统模式,公诉机关应当具有较为全面的参与取证、审查起诉、审查批捕的观念,并转变考评观念。在参与公安重大案件侦查过程中,既要指导并监督公安机关合法获取口供,也要注重获取现场实物证据,尤其是物证、书证或者其他科学证据,即具有全面取证的观念。在审查起诉过程中,公诉机关既要中立地审查单个证据,也要综合审查全部证据;既要审查(移送)不利于犯罪嫌疑人的各类证据,尤其是口供,也要审查(移送)并合理补充有利于犯罪嫌疑人的证据,即从中立的角度强化公诉机关全面证据审查的理念。

最后,审判主体应当将定式证明观念转变为相对自由的证明观念。主要表现为庭审口供证据审查自由化与庭审口供证据审查分型化。我国传统审判的证明模式是定式证明,这种定式体现于偏重追求证据之间的相互印证。我国刑事诉讼通行"印证证明模式",将获得印证性直接支持证据视为证明的关键;注重证明的"外部性"而不注重"内省性"。[2]这种证明模式具有一定合理性,但还是会产生

---

[1] 龙宗智:《中国法语境中的检察官客观义务》,载《法学研究》2009年第4期。

[2] 龙宗智:《印证与自由心证——我国刑事诉讼证明模式》,载《法学研究》2004年第2期。

较多负面影响。可以说，过分的印证虽然可以解决一些司法实践问题，但不利于我国证据法治长远的发展，尤其是不利于转变"口供至上"的观念。在庭审过程中，法官不应当过于强化对于口供的印证，而应当综合全案，从个人的正常感知出发，以有利于庭审调查的原则、有利于被告的观念及质疑观念进行证据审查。

(二) 侦查讯问模式现代化转型

刑事诉讼模式，又称刑事诉讼结构或刑事诉讼构造，是指控、辩、审三方主体进行刑事诉讼的基本方式，或者说，在刑事诉讼进行中，控辩审三方主体的法律地位及其法律关系的基本格局。按照刑事诉讼的历史发展，刑事诉讼经历了弹劾式、纠问式到现代的当事人主义（对抗制）、职权主义（调查审问式）和混合式诉讼模式。美国学者赫伯特·帕克将刑事诉讼模式分为犯罪控制模式与正当程序模式两种类型，犯罪控制模式体现了刑事制裁在维护社会稳定秩序中的优势作用；而正当程序模式则相对少地关注诉讼的效率价值，更多地关注在于公平价值的实现，具体而言表现在对警察权力的限制以及对公民权利的保护。[1]我国现行刑事诉讼制度是在职权主义诉讼模式基础上借鉴、

---

[1] 转引自 [英] 詹妮·麦克埃文：《现代证据法与对抗式程序》，蔡巍译，法律出版社2006年版，第2页。

第四章 侦查讯问程序法治化发展

吸收了当事人主义诉讼因素形成的，保留了许多职权主义特征，也吸收了不少当事人主义的因素，带有明显的混合色彩。

比较法学家达马什卡在其《司法和国家权力的多种面孔》一书中指出，抗辩式诉讼模式是"当事人控制的事实发现模式"，在法律层面上则表现为赋权型诉讼，核心是双方当事人启动诉讼程序，强调当事人在刑事诉讼中的中心地位，为司法体制的运作提供规范性描述，可以说该模式是对正当程序模式的延伸。在该模式下，控诉方也被视为一方当事人，当事人有权通过双方的合意选择对自己有利的诉讼结果。相对而言，审问式诉讼模式是一种由官方控制的模式，强调国家公权力在诉讼中的主导地位，当事人的作用是为公权力提供案件信息从而使国家公权力得以探求案件事实真相。

侦查讯问程序法治化改革的外化形式表现在侦查制度和侦查行为的法治化，内化形式则体现在侦查讯问模式的法治化、现代化。侦查讯问模式的现代化转型是我国刑事侦查制度的一个深层次改革，甚至是一场"革命"，它不仅能推动观念、认识的转变，它还将导致侦查讯问制度的变革，尤其是辩护律师的主体地位、权利和参与的程序在不断扩大。我国侦查讯问模式已经基本上具备了从对抗模式向抗辩模式转化的条件，侦查讯问模式的转型是客观所需，势在必行。侦查讯问制度的构建模式直接反映了刑事诉讼活动对人权保障目的的落实情况,维护被追诉人的诉讼主体地位,应构建符合我国刑事司法语境的抗辩式侦查讯问制度,使被追诉人在一定程度上拥有与侦查人员进行"平等对话"的空间。

三、实现侦查讯问程序法治化的具体举措

法律制度价值的实现需要法律体系整体效果的发挥,法律体系由部门法组成,而部门法内部也具有明显的体系化特征,其具体制度之间具有逻辑上的关联性以及内容上的一致性。法律体系在实施中不断完善,通常而言,一项法律制度的完善并不是孤立运行的,而是不同制度之间在遵循立法精神的前提下的并行发展,互为补充,也即是说,一项法律制度的完善需要相关配套制度共同推进,以实现制度有效运行的目的。

(一)禁止先行讯问

禁止先行讯问是法的正义价值的体现,法律制度的价值具有多元性,相对于效率价值而言,在当前人权保障的司法语境下,其正义价值应优先于效率价值得到实现。正义价值是法律制度的核心价值,公平正义是司法活动追求

的价值目标，正义价值的实现既包括实体正义的实现，也包括程序正义的落实，禁止先行讯问则主要以程序意义上正义价值的实现为出发点，并以结果意义上正义价值的实现为落脚点。

犯罪嫌疑人的口供具有不稳定性，先行讯问的目的是尽快获取犯罪嫌疑人的口供。侦查讯问应当在收集了有关证据，能够证明犯罪嫌疑人实施了违法犯罪行为后再进行，在提高案件的侦办效率方面，尽管先行讯问在结果意义上具有一定的优势，但其优势性并不稳定，容易回归"由供到证"的传统侦查讯问思路。先行讯问往往使侦查机关在侦查讯问活动中陷于被动地位，不利于对犯罪嫌疑人进行有针对性的讯问。先行讯问的情况下，侦查人员首先接触到的是犯罪嫌疑人的口供，在犯罪嫌疑人回避问题，虚假供述的情况下，由于缺乏物证、书证等其他证据，侦查人员不足以较为充分地判断或应对犯罪嫌疑人供述。"由证到供"与"由供到证"，表面上看是侦查取证的顺次问题，实质上则表现了一个国家的法治状况，包括无罪推定原则是否得以确立，犯罪嫌疑人、被告人主体地位是否得到落实，刑事诉讼模式是否具有对抗性等。具体而言，"由证到供"收集证据的侧重点在于实物证据，而非言词证据，口供等言词证据只是作为实物证据证明案件事实过程中的辅证。在证据收集次序上强调的是，案发后第一时间对涉案的实物证据快速进行固定和收集,并通过已经收集到的实物证据,对口供真实性进行印证。而"由供到证"的侦查模式正好相反,是在侦查过程中侦查人员重点对口供等言词证据进行收集,将口供视为侦查破案的突破口,在证据的收集次序上从口供出发,并由口供"顺藤摸瓜",收集其他与案件有关的实物等证据。随着刑事诉讼人权保障观念的逐渐深化,"口供中心主义"越来越受到学界、实务界的排斥,这种侦查模式是孕育冤假错案的"温床"。对翻供的审查而言,"由供到证"模式主导下的侦查活动将增加犯罪嫌疑人、被告人通过翻供维护强迫自证其罪权利的可能性,这正是先行讯问容易造成的。确立禁止先行讯问原则,即侦查机关处理案件时,不得先行讯问犯罪嫌疑人后再收集相关证据,而应在收集到相关实物证据、证人证言等其他证据的基础上,才可以对犯罪嫌疑人进行讯问。

(二) 完善侦查讯问取证方法

侦查讯问的目的之一是取得犯罪嫌疑人的供述,然而若采取非法讯问方法不仅侵犯犯罪嫌疑人的权利,也易导致虚假供述,进而诱发冤假错案。在法律后果上,依法讯问一般不会产生程序性制裁结果;违法讯问往往会引起程序性制裁结果。只有对侦查讯问活动予以严格的法律规制,才能最大限度地确保供述的真实可靠、保障犯罪嫌疑人权利、维护司法公正。但一味限制侦查取证也不可取，通过合法取证尽可能获取证据，对于侦破案件，实现结果正义有现实意义，因此，要鼓励侦查机关依法灵活采取多种讯问手段、讯问技巧，积极侦破案件。

1. 发挥非法讯问方法指导性案例作用

不同于西方判例，在我国，判例并不具有法律渊源的地位，也不可以作为裁判的依据直接适用，而多是作为裁判案件参考的依据。指导性案例除具有统一法律适用的作用之外，还具有一定的释法说理价值。司法判例制度存在的意义在于弥补法律规定的滞后性以及实践中存在的模糊地带，实践表明，非法讯问方法的采用是导致犯罪嫌疑人非自愿供述的直接原因，从行为后果上看，往往是酿成冤假错案的主要原因。从立法上看，法律关于非法证据的界定较为模糊，虽然学术界试图从目的解释的角度出发，对非法证据的范围进行界定，但从性质上看其归属于学理性解释，并无普遍的示范意义。同时，关于非法取证方法的界定也存在一定的模糊地带，例如对于强迫性讯问手段的范围，立法尚无明确界定，对于威胁、引诱、欺骗等讯问策略的使用，也尚无明确的界限规制。法律语言既有精确性的一面，又有模糊性的一面。一般来说，法律语言的主要含义应该相对明晰，而边缘含义则可以相对模糊，或者，在较为抽象的层面上相对明晰而在较为具体的层面上相对模糊。法律规则的明确性是保证其在实施过程中具有可操作性以及可预见性的前提，而制定法往往表现出局限性。案例指导制度强调用于指导的案例不具有法律上的约束力和司法解释的效力。既然无约束力，则不应该等同于判例。将指导性案例制度的功能运用到抑制非法讯问方法的适用中，以便司法实践中司法机关依据各自的职权范围参照我国有关非法讯问方法的典型案例对排除非法证据起到指引的作用。

2. 疑难案件侦查讯问方法交流会议制度

2015年3月，公安部印发《关于贯彻党的十八届四中全会精神深化执法规范化建设全面建设法治公安的决定》，该决定专门就进一步完善证据收集工作机制提出了若干措施，严格依法收集、固定、保存、审查、运用证据，严格实行非法证据排除规则；要求积极推行刑事案件统一审核、统一出口制度，对案件质量进行严格控制；建立重大、疑难案件集体讨论制度，由公安机关负责人召集执法办案部门、法制部门负责人集体研究，集体研究意见以及不同意见均应记录在案。之后，最高人民检察院提出要积极探索建立"重大疑难案件侦查机关听取检察机关意见和建议的制度"，强化侦查机关、检察机关在办理重大疑难案件中的沟通配合和监督制约，部分地方检察机关率先出台了相关规范性文件，取得初步效果。对于重大、疑难案件的范围，

第四章 侦查讯问程序法治化发展

我国现行刑事法律规范并没有作明确规定,虽然有些地方对"重大疑难案件"的范围作了规定,但各地的规定并不统一。从侦查机关的讯问实践看,尤其是疑难案件的侦破难度较大,且案件类型多样、复杂程度不同,公安机关对于重大、疑难案件的范围也没有统一的规定,因此,出于提高此类案件侦破效率的考虑,有必要明确重大、疑难案件的范围。

从语义上讲,"重"主要是指可能判处重刑,"大"主要是指影响面大、关注度大,"疑难"主要是处理上有疑惑和困难。具体可以包括:①犯罪嫌疑人可能被判处10年以上有期徒刑、无期徒刑或者死刑的案件;②在定性处理、证据收集与固定、法律程序适用等方面较为复杂疑难的案件;③在本地区有重大影响的下列案件:危害国家安全案件;严重危害公共安全的暴力性犯罪案件;故意杀人,抢劫,故意伤害致人重伤、死亡的严重暴力犯罪等案件以及引起社会公众和媒体高度关注的其他案件。相比普通类型刑事案件,涉嫌重大、疑难案件的犯罪嫌疑人往往具有一定的反侦查能力,通过获得口供方式进行讯问的取证难度较大,且物证、书证等其他证据形式同样存在取证难的问题,容易使案件侦破陷入僵局,故对此类案件的侦查讯问无论从时间成本还是从技术成本上都较普通刑事案件更高,另外,由于地区差异、人员差异,不同地区的侦查条件、案件类型不同，在侦查讯问活动中采用的技术手段、取证方式也有所不同，侦查人员的讯问策略可以通过交流讨论互相促进。即使在我国古代，已形成了较为完整的针对疑难案件的交流讨论机制，如在面对疑难案件中，地方官员可以通过逐级奏谳的方式进行讨论，最终由最高司法机关作出权威解释。意见的交换有助于信息的流动以及侦查人员之间办案知识和经验的提升，相对于个体思维来讲，集体思维常采用的是集体讨论的模式，可以从个体思维的局限性中解放出来，从而产生新的联想。集体思维的形成一般来源于会议讨论的形式，针对疑难案件侦查讯问方法的讨论交流可以激发灵感、拓宽思路，为侦查讯问做好准备工作。

(三) 明确权利告知义务

在侦查讯问阶段，犯罪嫌疑人的权利结构主要由不得强迫自证其罪的权利、获得法律帮助权、知悉权组成。犯罪嫌疑人的知悉权是对其涉嫌的犯罪和有关事实、证据有了解知晓等权利构成。保障犯罪嫌疑人、被告人的知情权、诉讼参与权是司法的透明性、诉讼性的要求，在侦查讯问中，侦查机关的告知义务是指侦查人员在进行讯问之前有义务以合理的方式及时地向犯罪嫌疑人告知对其的任何指控及相关的诉讼权利。侦查人员在讯问中履行告知义务也是尊重犯罪嫌疑人在刑事诉讼中程序主体地位的体现。具体而言，侦查讯问中的权利告知包括告知的时间、对象以及内容，如英美法系国家关于侦查讯问中的告知规则最典型的即美国的米兰达规则，同时英国在《法官规则》中规定警察在讯问犯罪嫌疑人之前，必须口头告知被羁押的人有权获得律师的帮助，以及在《警察与刑事证据法》中规定警察在讯问前必须告知犯罪嫌疑人享有的权利以及拒绝回答提问可能产生的不利后果。相比英美法系国家，大陆法系国家的相关规定更为严格，如德国《刑事诉讼法》规定初次讯问开始时应告知被指控人所被指控的行为和可能适用的处罚规定，随后应当告知被指控人其依法享有就指控进行陈述或不予陈述的权利，并告知其有权随时（包括在讯问之前）与由他自己选任的辩护人进行商议。意大利《刑事诉讼法》规定了讯问机关不履行告知义务的法律后果，即如果未受到控告或者为未受到调查的人员在司法机关或司法警察面前所作的陈述表明该人具有犯罪嫌疑有关诉讼机关应当中断对他的询问，并告知该人这种陈述可能使他受到调查，同时要求他为自己指定一名辩护人。在此之前作出的陈述不得被用来支持对该人的指控。我国司法实践中侦查机关履行告知义务过程中存在不告知、告知不及时以及敷衍告知等问题。为此，《严格排除非法证据的规定》要求，根据控告、举报或者自己发现等，侦查机关确认或者不能排除以非法方法收集证据而更换侦查人员，其他侦查人员再次讯问时告知诉讼权利和认罪的法律后果，犯罪嫌疑人自愿供述的，由此取得证据可以不予排除；侦查人员应当告知犯罪嫌疑人对讯问过程录音录像，并在讯问笔录中写明；同时在审查逮捕、审查起诉中规定，审查逮捕、审查起诉期间讯问犯罪嫌疑人，应当告知其有申请排除非法证据，并告知诉讼权利和认罪的法律后果；并于审判方面规定，人民法院向被告人及其辩护人送达起诉书副本时，应当告知其有权申请排除非法证据。总体而言，犯罪嫌疑人行使其诉讼权利的前提是对权利内容知情，由于自身认知所限，犯罪嫌疑人的知情权往往需要通过侦查人员履行告知义务才得以实现。

（四）严格规范讯问时间、地点

侦查讯问的时间和地点关系到侦查阶段犯罪嫌疑人人身自由权的保障。人身自由是指人的身体活动自由，具体包括积极作为的身体活动自由和消极不作为的身体活动自由。前者是指任何人可以随心所欲地在任何时间前往任何地点的自由；后者是指任何人也有权在任何时间居留在任何地点或者不前往任何地点的自由。人身自由是最古老的权利之一，在各国宪法和国际条约中，虽然没有明确规定关于自由权的条款，但都是通过人身自由来界定的。对于

第四章 侦查讯问程序法治化发展

人身自由的侵害,可以表现为禁止某人在一定的时间内进入某一场所或者不得离开某一场所;也可以表现为强制某人在一定的时间内到达某一场所或者强迫离开某一场所;还可以表现为对人的身体和随身物品的搜查和扣押。依据限制人身自由的程度,可以将限制人身自由的一些强制措施分为限制和剥夺,在此的限制应当做不同的理解,其实不管是限制还是剥夺,都是广义的限制方式。根据学者李震山的观点,剥夺也是限制的一种,是一种较严厉的限制形式。而且在我们日常的用语中,一般都将限制做广义的理解。尤其是针对人身自由时,剥夺一个人的人身自由就是对于自由最大的限制。所谓限制,通常是指管束机关依法以直接强制措施短时间的拘束当事人的人身自由,限定其在一定时间内必须在某个领域活动或者在一定时间内不能去某个场所活动,但是不管是"短时间"还是"一定时间"都不能太长,正如我国《刑事诉讼法》规定拘传以后应当在一定的时间讯问,超过一定的时间必须将其释放。所谓剥夺,是指违反个人意愿或者在其无意识状态下,将其安置在司法管束机构、拘留所、看守所或者监狱等其他封闭式院所并强制其进行劳动或者保护性管束或者进行强制医疗。比如我国《刑事诉讼法》中的逮捕以及对依法不负刑事责任的精神病人进行强制医疗之前采取的临时保护性约束措施。区别二者的意义在于针对不同的人应当采用

161

不同强度的限制人身自由的方式，但是不管是限制还是剥夺，都必须严格按照法律的规定和程序进行限制。

管束性限制，就是将被限制人身自由的人置于"围墙之外"，不与社会隔离，只对其加以约束，不让其越轨，将其活动的时间、范围和事项加以限制，并且规定违反这些限制措施需要承担的法律后果。根据我国现行法律规定，犯罪嫌疑人的羁押场所由公安机关管理，这种侦羁不分的管控模式因缺乏监督，容易造成对犯罪嫌疑人的违法讯问，包括讯问时间、讯问地点选择上的任意性，全封闭式讯问环境可能成为滋生刑讯逼供等非法侦查的"温床"。正当的司法程序的构建需要制约机制作为保障，仅仅依靠侦查机关的自律是不够的。我国《刑事诉讼法》规定了传唤、拘传的时间限制，并明文禁止连续对犯罪嫌疑人进行传唤、拘传，但对两次传唤、拘传之间的时间间隔并未作出具体规定，于是极少数适用机关可能利用这期间的间隔时间对犯罪嫌疑人、被告人变相羁押。[1]对于那些表面上严重损害人身自由的强制措施，不管是主管机关还是社会上的人都相当重视，于是在完善立法或者进行司法解释的时候都会比较集中。而这些类似于传唤、拘传等对人身自由损害性相对较弱的强制措施却无人问津，因此在司法实践中往

---

〔1〕 虽然《人民检察院刑事诉讼规则》第83条规定："……两次拘传间隔的时间一般不得少于十二小时……"但是没有规定程序性违法的惩罚后果。

往也容易被滥用。在实际生活中,我们不能因为它剥夺或者限制人身自由的短暂而对其轻视。恰恰相反,据统计,很多刑讯逼供、暴力取证等行为是在被首次传唤、拘传的12个小时或者24个小时(重大、复杂案件)里发生的。为了避免涉嫌刑讯逼供的肢体接触,在被讯问人与讯问人员之间应进行物理隔离,对被讯问的犯罪嫌疑人进行详细的流转监控并记录在案,对犯罪嫌疑人的讯问应在看守所的讯问室内进行,并规定提解犯罪嫌疑人到看守所外进行讯问获得的口供不得作为证据使用。对于讯问的时间、地点,《严格排除非法证据的规定》要求,拘留、逮捕犯罪嫌疑人后,应当按照法律规定送看守所羁押,犯罪嫌疑人被送交看守所羁押后,讯问应当在看守所讯问室进行,因客观原因侦查机关在看守所讯问室以外的场所进行讯问的,应当作出合理解释;以及看守所应当对提讯进行登记,写明提讯单位、人员、事由、起止时间以及犯罪嫌疑人姓名等情况。可见相关规定存在进一步细化的空间,其实施效果如何尚待验证。

(五)完善侦查讯问监督机制

近些年一系列刑事冤错案件的曝光和纠正表明了最高人民法院、最高人民检察院以及公安部对防范与纠正冤错案件的明确态度。我国曾出现过将监狱和看守所交由司法部管理的阶段，但持续时间不长。虽然20世纪80年代的监狱制度改革将监狱的管理权交由司法部，但看守所则由公安部管理。早在看守所条例起草的过程中，侦羁分离就未在条例中呈现，加之一直占据主导地位的打击犯罪、深挖余罪等侦查观念的作用，侦羁分离的管理模式未能明文确立下来。与此同时，检察院系统内的改革多是涉及其自身法律监督权问题，包括对看守所在押人员身体健康方面的监督，一定程度上"配合"了侦羁不分的管理模式。侦查讯问过程中监督机制缺乏，与侦查讯问相关的强制性措施的采用大多是由侦查机关自行决定，不需要经其他专门机关批准。作为刑事诉讼活动的基础性阶段，侦查阶段尤其体现国家权力与被指控方权利的对抗性，如何平衡这种对抗性，一定程度上可以反映一国的法治发展水平。从权力特点看，侦查权的行政权力属性有必要受到监督与制约，鉴于我国尚未建立法院对侦查活动的司法审查机制，对侦查活动的监督仍然由检察机关承担。党的十八届四中全会决定推进诉讼制度改革，完善侦查监督对该项改革的推进作用显著。当前对侦查监督的完善同时处于以审判为中心的刑事诉讼制度改革、以司法责任制为核心的司法体制改革以及以完善检察监督体系为目标的检察改革的背景下。

侦查程序中存在的非法讯问行为是我国刑事司法实践

第四章 侦查讯问程序法治化发展

暴露问题的症结所在,即使我国《刑事诉讼法》规定看守所为公民被羁押后的法定讯问场所,但讯问场所不规范使用以及不在讯问室讯问等问题仍然存在。因此有必要建立侦查终结前检察机关对侦查机关侦查行为合法性的核查机制,增强检察监督对规范侦查机关侦查行为的效力。司法实践中侦查监督的有效发挥仍未达到预期,虽然检察机关较早介入侦查互动,但对侦查机关的监督往往较为滞后,其监督方式多表现为程序性职权,实体性处分权力不足,前置性监督效果有限等。具体表现在:①侦查监督方式的诉讼性不足。在理论意义上,侦查权主要体现的是其行政属性,相较于司法权,行政权力的行使方式较为灵活,并不最终解决纠纷,其行使应当受到制约。同时侦查权的运行亦存在于诉讼活动中,又具有一定的司法属性,因此对侦查权的监督应遵循司法规律,体现诉讼性。②行使侦查监督职能的法律依据授权性不足。从规范性文件表述看,对侦查权的规定多为限权性规定,并且,出于侦查破案考虑,也不宜详细列明具体的侦查方法,侦查的目的在于发现案件真实,这就容易使得侦查权在行使过程中存在较大的运作空间。③从检察机关的职能承担上看,检察机关是国家的法律监督机关,但其对侦查活动的监督存在一定的局限性,尤其对于自行侦查的案件,往往陷入自我监督,而对于公安机关侦查的案件,则容易因其追诉倾向而减弱监督效果，监督刚性不足。④检察机关行使侦查监督职能主要通过审查公安机关移送的案卷材料及证据，检察机关能否有效参与案件讨论则依赖于检警协作的程度。

完善检察机关对侦查机关侦查行为的制约监督，首先要在理念层面做到转变，转变以往检察机关与侦查机关的互动模式所呈现的配合有余而制约不足的情况，并且要明确履职责任，建立细致科学的监督办案模式。以问题为导向，拓宽监督范围。检察机关在履行诉讼监督职能时，既要针对违法取证的高发环节重点监督，又要将所有侦查行为纳入监督视野，采取点面结合的方式进行监督。其次在衔接适用上可以建立检察机关与侦查机关之间的信息共享，为检察机关知晓侦查机关的办案动态提供便利，畅通监督渠道，拓展信息共享资源。同时发挥驻所检察的监督职能，尤其对犯罪嫌疑人不认罪的重大疑难案件做到信息沟通的及时性、一致性，有必要的情况下，可以向犯罪嫌疑人进行核查，重点了解侦查机关在讯问过程中有无刑讯逼供等非法取证行为，并将反馈信息及时记录，以便调查核实，还应当拓展信息共享资源，如授予常驻检察官登录警务信息综合应用平台的权限。另外，应当增强检察监督刚性，使监督产生实际效力。一是对于不回复不落实检察意见、建议等情形，应承担相应责任。可增设相应的法律追责机制。对于不回复不落实检察机关发出的关于讯问合法性核查结果的检察意见、建议等情况,检察机关可以通报上级侦查机关或相关部门对侦查机关和人员进行相应问责。二是在增加监督刚性的同时,还应考虑到侦查工作的有效运转。

(六) 发挥程序性制裁功能价值

违反程序的行为除了无关紧要的瑕疵或违法予以批评警告、通报处理以外,严重的程序违法必须付出实质代价。从犯罪嫌疑人、被告人权利保护的目的出发,应排除通过非法方法取得证据的证据能力,即此类证据不能作为定案的根据,从而倒逼侦查讯问人员依照法定程序获取证据。非法取证的问题在现行刑事诉讼法中已经得到初步解决,但必须考虑到我国的非法证据排除具有特定的含义,仅限于言词证据中的口供、证人证言、被害人陈述和附加若干条件的实物证据。但是非法取证不仅于此,因而非法证据排除的范围需要扩大。[1]①构建以《宪法》为统领,以被追诉人合法权利保护为核心的非法证据排除规则体系。非法证据排除规则的立法目的在于加强刑事司法中的人权保障,在证据收集过程中尊重被追诉人的基本权利。我国《宪法》设专章对公民的基本权利进行了规定,完善非法证

---

[1] 陈卫东:《〈刑事诉讼法〉第四次修改前瞻》,载《政法论坛》2024年第1期。

据排除规则，应在宪法规定的基本权利框架下，构建以宪法性权利保护为核心的非法证据排除规则体系，将非法证据排除规则的适用范围，扩大至证据收集过程中，侵犯宪法赋予的公民基本权利所获取的证据，包括侵犯被追诉人人身自由权、身体健康权、人格尊严权、住宅安全权、名誉隐私权、通信自由权等权利所获取的证据。②突出非法证据排除规则的程序正义价值。如果将非法证据排除规则的适用价值过多倾向于案件真实的发现，则容易忽视对非法证据的排除，以致于非法证据排除规则形同虚设。因此，应突出非法证据排除规则的程序性制裁功能，这也是确立非法证据排除规则的唯一考虑。③进一步落实不得强迫任何人证实自己有罪，建立非法言词证据排除规则。重点审查在侦查讯问中，侦查人员是否采取违法手段迫使犯罪嫌疑人作出违背自己真实意愿的供述。同时，结合认罪认罚从宽制度，以合法程序使有罪的犯罪嫌疑人自愿认罪并接受处罚，以认罪的自愿性保障供述的真实性。④逐步淡化被告人庭前供述在认定案件事实中的分量。深化以审判为中心的诉讼制度改革要求克服"卷宗中心主义"，贯彻直接言词原则，落实庭审实质化，保证庭审在查明事实、认定证据、保护诉权、公正裁判中的决定性作用，确保证据出示在法庭、案件事实查明在法庭、控辩意见发表在法庭、裁判结果形成在法庭。因此，判定被告人是否有罪，应以

第四章 侦查讯问程序法治化发展

被告人在法庭上的陈述为侧重,而不是以侦查阶段获取的被告人有罪供述为主要参考。

法律后果是法律对人们行为选择的评价,包括肯定的评价和否定的评价。有关法律后果的研究在法学理论界并不多见,从学理上讲,法律后果是构成法律规范的基本要素之一具有规范价值。对于落实非法证据排除规则来讲,有必要设置相关的惩戒性措施,在司法实践中排除非法证据的情况较为罕见,也与在排除规则的设置上缺少保障性条款以及惩戒性措施有关。然而,不同于传统意义上的法律规范结构理论中将法律后果仅仅归结为制裁,法律规范既包括禁止性规范、义务性规范,也包括授权性规范,制裁作为法律后果多出现在禁止性规范中,而授权性规范的法律后果表现为保护和支持。违反授权性规范的行为一般表现为侦查机关没有依照法定程序保障被讯问人的权利,违反禁止性规范的行为一般表现为侦查人员违反了法律明文禁止性规定,违反义务性规范的行为则表现为侦查人员没有履行法律明文规定的积极作为的义务。从功能上看,法律后果要素影响法律规范的导向性,也是法律权威性的体现,但有些法律规范只规定了行为模式,并没有规定法律后果或规定得过于原则,即使是某些禁止性法律规范也存在这种情况,这尤其在程序法规范中更为明显,由此带来的后果是,基于国家机关本身的公权力属性,禁止性规范中缺乏相应法律后果的设置，则容易为公权力机关超越权限行使权力提供可能，同时不利于保障权力相对方合法权益的实现。

对违法讯问责任人施以惩戒措施是法律后果的表现形式之一。实践中侦查阶段违法讯问的行为大致包括，对违法讯问行为过程中持放任态度；对违法讯问行为结果不处置；讯问主体和讯问时间违法等情况，由于法律规范对违法性后果的规定不足，使得侦查人员在讯问中的违法成本较低。非法证据排除规则是对违法讯问的程序性制裁措施，与此同时，追究违法办案人员的行政责任、刑事责任也被列入违法讯问的惩戒措施。一些学者基于对排除规则、终止诉讼制度的不甚满意，也基于对那种通过宣告无效来治理程序性违法的正当性的质疑，提出了以追究办案人员实体法律责任来取代程序性制裁制度的观点。在中外司法界和法学界，几乎同时存在着要求通过对违反法律程序的警察、检察官、法官追究实体法律责任的方式来抑制程序性违法行为的观点。他们是程序性违法的主体，其法律后果既包括形式上的，也包括实质上的。侵权性违法行为是程序性违法的形态之一，容易造成对犯罪嫌疑人合法权益的直接侵害，如超期羁押，表面上看是违反了刑事诉讼法关于羁押期限的规定，实质上却是在侵犯公民的人身自由权利；又如先破案后立案问题，由于我国《刑事诉讼法》规定的立案标准较为严格[1]必须达到"认为有犯罪事实需要追究刑事责任"的标准，为了提高破案率，侦查机关往往进行一定的先期侦查，甚至在案件能够侦破后才立案；再如，实践中存在的刑讯逼供、滥用强制措施等一些具体程序性违法行为。从违法动因来看，侦查机关的程序性违法行为更适合由程序性制裁措施解决，我国也有关于程序性违法的实体性制裁的规定，如《刑法》对刑讯逼供罪的设立，然而很多程序性违法行为一般达不到构成犯罪的程度，加之行政制裁、纪律制裁措施等滞后性明显，无法对其违法行为形成有力约束，对侦查机关程序性违法行为的惩戒效果有限。因此，相对于实体性制裁措施而言，程序性制裁措施可以有效弥补其他惩戒措施的上述缺陷，能够实现预警效果。

（七）构建配套制度

法律配套制度是完善法律体系的基础制度，也是增强立法系统性、整体性、协同性、时效性的重要保障。完善法律配套制度，对于维护立法权威，发挥行政法规、地方性法规、规章等多层级作用具有重要意义。对于侦查讯问

---

[1] 我国《刑事诉讼法》第112条规定："人民法院、人民检察院或者公安机关对于报案、控告、举报和自首的材料，应当按照管辖范围，迅速进行审查，认为有犯罪事实需要追究刑事责任的时候，应当立案；认为没有犯罪事实，或者犯罪事实显著轻微，不需要追究刑事责任的时候，不予立案，并且将不立案的原因通知控告人。控告人如果不服，可以申请复议。"

程序，在聚焦其核心问题之外，同样应意识到，完善侦查讯问制度，就要构建并完善与侦查讯问相关的配套制度。

1. 认罪认罚从宽程序

2018年《刑事诉讼法》修改中引入认罪认罚从宽制度，2018年10月26日第十三次全国人民代表大会常务委员会第六次会议通过的《关于修改〈中华人民共和国刑事诉讼法〉的决定》第1条明确指出，增加"犯罪嫌疑人、被告人自愿如实供述自己的罪行，承认指控的犯罪事实，愿意接受处罚的，可以依法从宽处理"的规定。这一规定表明，我国刑事诉讼的各个阶段，都要贯彻实施认罪认罚从宽制度。在侦查阶段建构认罪认罚从宽程序，主要体现在讯问环节。侦查讯问是侦查机关获取犯罪嫌疑人供述的主要手段，在侦查讯问中建构认罪认罚从宽程序，首先有利于侦查破案。侦查人员灵活运用认罪认罚从宽制度，容易攻破犯罪嫌疑人心理防线，获得有利口供，推动查明案情。其次，有利于提高办案效率。犯罪嫌疑人认罪认罚，则更容易构建证据体系，口供本身即为最直接的一种证据形式。最后，有利于有效落实宽严相济刑事政策，起到教育、感化、挽救的社会效果。

侦查是刑事诉讼的起点，也是教育引导犯罪嫌疑人认罪认罚的重要阶段。犯罪嫌疑人如能在侦查阶段认罪认罚，对于及时有效惩治犯罪、提高诉讼效率具有积极价值。构建侦查讯问认罪认罚从宽程序,可以考虑在以下方面着力。首先,明确侦查阶段适用认罪认罚从宽制度的正当性。有观点认为,侦查阶段不宜使用认罪认罚从宽制度,担心在"侦查中心主义"旧有观念作用下,公安机关在侦查阶段适用认罪认罚从宽制度,会使公安机关的侦查权进一步扩张。这种担心有一定合理性,但在推进以审判为中心的诉讼制度改革背景下,首先,更应看到在侦查阶段适用认罪认罚从宽制度的必要性,将关注点放在如何建构认罪认罚从宽程序上。其次,建立公安机关适用认罪认罚从宽案件的取证规范,明确对相关证据收集、固定的标准,以区别于普通案件。最后,注重被害人的参与性。被害人的参与性的缺失,使得认罪认罚从宽制度带有先天不足的意味,无论从理论还是实践效果来看,注重被害人的参与性对侦查讯问中认罪认罚从宽程序的构建都具有正向价值。

2. 录音录像制度

在法治语境下,司法机关是维护社会公平正义的最后一道防线,而强化司法的透明度,揭开司法"神秘面纱",使其由"幕后"走向"台前",是维护司法公正、提升司法公信力的必然选择。俗话说"眼见为实",在刑事诉讼活动中,只有让诉讼权利主体切实地感受到"司法参与性",同我国法律监督机关平等地享有监督司法的权利,其才能甘愿接受司法的"审判"。讯问录音录像制度是利用录音录像设备将侦查人员讯问犯罪嫌疑人的过程录制下来，在必要时候提交法庭，供法官认定案件事实以及判断侦查人员的讯问程序是否合法的制度。在传统记录模式下，仅由侦查人员记录讯问过程存在一定的主观性，将记录载体转换成没有诉讼立场的录音录像设备，无疑有利于保障记录的客观真实全面。实践中，讯问录音录像存在一些问题，包括录音录像的证据属性问题、录音录像分段审查困难以及对违反程序性规定进行录音录像的惩罚性措施缺失等。刑事诉讼活动的透明性尤其应体现在侦查讯问的过程当中，这一规定将改变人们视讯问室为"小黑屋"的传统印象，主要目的在于对讯问过程进行监督，防止侦查人员采用刑讯逼供等非法手段获取证据。规定讯问录音录像能够客观反映侦查人员的肢体语言以及被讯问对象的身体和精神状态，反映其人身安全是否受到不当侵扰。

保证讯问时录音录像的完整性、全程性得到规范性文件的确认，如对于讯问犯罪嫌疑人的录音录像资料，《公安机关执法细则》规定其必须具有真实性和完整性，不得剪辑、修改、伪造。最高人民法院发布的《关于全面推进以审判为中心的刑事诉讼制度改革的实施意见》明确法庭对证据收集的合法性进行调查的，应当重视对讯问过程录音录像的审查，讯问笔录记载的内容与讯问录音录像存在实质性差异的，以讯问录音录像为准。我国《刑事诉讼法》

规定了侦查讯问过程全程录音、录像制度。由于公安机关负责侦查的案件量较大，不宜也不必要对每一个案件都要全程录音、录像，但是，为了最大限度地保障可能被判处死刑的犯罪嫌疑人的合法权益，《刑事诉讼法》第123条规定："侦查人员在讯问犯罪嫌疑人的时候，可以对讯问过程进行录音或者录像；对于可能判处无期徒刑、死刑的案件或者其他重大犯罪案件，应当对讯问过程进行录音或者录像。录音或者录像应当全程进行，保持完整性。"根据《人民检察院刑事诉讼规则》的规定，对于公安机关立案侦查的案件，人民检察院认为讯问活动可能存在刑讯逼供等非法取证行为的，人民检察院在审查逮捕、审查起诉和审判阶段，可以调取公安机关讯问犯罪嫌疑人的录音、录像，对证据收集的合法性以及犯罪嫌疑人、被告人供述的真实性进行审查。关于讯问录音录像在口供补强方面的作用，口供补强规则中的补强证据，应当是有独立来源的证据，而与犯罪嫌疑人供述同源的全程录音录像、侦查讯问笔录等不得视为这里的补强证据形式。

为了保证录音、录像制度发挥防范刑讯逼供的功能，有必要规范侦查讯问活动中录音、录像的相关制度。录音、录像制度在我国推行的过程中遇到的主要问题在于如何保证其完整性以及连续性，而这也恰恰是录音、录像作为证据使用所必须具备的关键性的特质。讯问的录音录像在目前无法保障全程录制的前提下,其有效性依然值得怀疑,况且制度需要人来操作,如何防止出现"打时不录、录时不打"这种规避法律的做法值得关注。为保证录音、录像的完整性及连续性,有学者提出了录音录像设备的最低标准以及录音录像的基本方法,认为①录音设备的最低标准应当包括:防止窜改;录制过程中向录音带中自动插入时间与日期信息;同时录制两盘磁带;建造稳固;容易培训人员使用;使用简便;不受干扰;有应付突然断电的设计。②录音的基本方法应当包括以下要素:每次录音都使用全新的录音带;录音带应当在面谈接受方与其法律代表面前拆封;应就录音的过程向面谈接受方做出说明;作为规则的一部分,在场的每个人均应自我介绍,确保他们的声音能够被录制;录音带必须连续运转——唯一例外是当磁带已满需要更换新的磁带或者录音设备出现故障时;如果在面谈过程中有人进入或离开房间,应当在录音中说明;如果展示了证物应当在录音中说明;没有声响的事情,比如嫌疑人通过耸耸肩对问题做出回答时,面谈主持方应当用声音予以说明;当面谈结束时,两盘磁带都应当取出,由嫌疑人选择其中的一盘作为"母盘",在嫌疑人及其法律代表在场的情况下签字、封存;第二份磁带作为"工作盘"可供调查人员与律师使用;母盘与工作盘的存放地点应有明确记录,母盘应被保存在安全的环境中,只有具体、严格的

第四章 侦查讯问程序法治化发展

情况下方可拆封使用；通常情况下根据面谈接受方及其法律代表的申请，工作盘可以制作备份交给其适用。③对于录像，所有录音方面的规则同样适用于录像。在录像设备的选择上应选择高品质彩色录像设备；摄像头应覆盖整个讯问场所，不留死角。

此外在运用讯问录音录像证据形式中还会遇到隐私证据保密的问题，我国《刑事诉讼法》第54条第3款规定，"对涉及国家秘密、商业秘密、个人隐私的证据，应当保密"。这一条文所确立的证据保密制度的一个重要价值就是对诉讼参与人隐私权的尊重与保障。证据确实充分这一表述全面地表达了刑事诉讼对证据在数量和真实性方面的严格要求，实现证据收集和使用的最大化是查明案件事实，正确适用法律的基础所在。但是，诉讼程序中所收集和使用的证据当中可能存在涉及诉讼参与人或其他社会成员个人隐私的情况，而对证据当庭质证既是当事人质证权的组成部分，也是审判公开原则的基本要求。因此，在保障证据所涉主体的隐私权与对证据的当庭审理质证之间必然会存在冲突与矛盾。为平衡这一冲突，《人民检察院刑事诉讼规则》规定，需要播放的讯问录音、录像中涉及国家秘密、商业秘密、个人隐私或者含有其他不宜公开的内容的，公诉人应当建议在法庭组成人员、公诉人、侦查人员、被告人及其辩护人范围内播放。因涉及国家秘密、商业秘密、个人隐私或者其他犯罪线索等内容,人民检察院对讯问录音、录像的相关内容作技术处理的,公诉人应当向法庭作出说明。上述规定通过限制参与证据质证的主体范围,将庭审质证对证据所涉及的隐私权权利主体的隐私权的威胁与侵害降到最低,实现了正当程序与隐私权保护之间的协调与平衡。

在作为证明案件实体真实的证据方面,同步录音录像规定得仍较为模糊,可以从以下角度完善。①相对于讯问笔录而言,同步录音录像的客观性、相关性更强,客观记录了讯问过程,讯问程序是否合法一目了然,具有明显的客观性、相关性。考虑同步录音录像是否具备证明案件事实的资格,最本质的判断标准应该是证据资格要求,即客观性、相关性、合法性。明确同录结果证据的资格,有助于保障程序正义,发现事实真相,实现刑事诉讼追求的价值。②笔录与同步录音录像不一致时,否定笔录的证据资格。《人民检察院刑事诉讼规则》第264条否定与同步录音录像内容有重大实质性差异的讯问笔录,至少立法上将同步录音录像作为案件事实的弹劾证据。实践中,采用同步录音录像内容作为裁判依据的做法,将同步录音录像进一步发展为结果证据。当然,审查同步录音录像与笔录是否一致只是认可同步录音录像中供述的证据资格,该同步录音录像中的供述内容是否可采信,属于证明力问题,需要法官审慎评估,自由心证判断,实践中法官可能并不采信同步录音录像内容。③辩护人有权查阅、复制同步录音录像。然辩方自审查起诉之日起就有权查阅、复制该证据。该权利行使并不需要检方的同意。只有充分保障辩护人的查阅、复制权才能有效发现讯问笔录中出现的问题,因此检察院和法院应当配备合适的设备,方便律师查阅、复制。④同步录音录像应当作为证据材料随案移送。我国《刑事诉讼法》应当明确将同步录音录像随案移送至法院,更好地保障辩护人的查阅权。实践中个别公安机关把同步录音录像选择性移送检察机关,这样就虚置了同步录音录像的功能,因此必须明确应当移送的是所有同步录音录像。

3. 律师在场制度

侦查讯问制度在我国侦查制度体系中占有基础地位,由于它对案件的侦破起着直接的助推作用以及其较低的成本投入,因此无论是法治发达国家抑或是其他国家,侦查机关对侦查讯问的依赖性并没有随时间、技术的变迁而减少。然而,也正是在侦查讯问过程中,最容易发生侵犯犯罪嫌疑人人权的行为,因为这一过程中侦查人员往往与犯罪嫌疑人面对面接触。我国《刑事诉讼法》在赋予犯罪嫌疑人不被强迫自证其罪权利的同时,规定犯罪嫌疑人对侦查机关的讯问应当如实回答,但与本案无关的问题可以拒绝回答。然而,实践中何为与本案有关、何为与本案无关的问题并没有明确的界分标准。同时，我国《刑事诉讼法》虽赋予了犯罪嫌疑人在被第一次讯问或采取强制措施之日起有委托辩护人，获得律师帮助的权利，但对于该项权利如何实现，缺少具体可操作性的规定。

讯问犯罪嫌疑人有律师在场对于促使侦查人员依法、文明讯问，证明讯问笔录、讯问结果的合法性和有效性有着非常重要的价值。得到救济的权利是人权司法保障的要求，侦查程序中的救济措施可以一定程度上弥补因侦查权的扩张而对犯罪嫌疑人合法权益的损害。司法相比立法、执法而言，具有诉讼性，如果司法环节的诉讼性微弱则会呈现出较强的行政强制性。律师在场有利于及时为犯罪嫌疑人、被告人提供法律帮助。保障犯罪嫌疑人依法充分行使各项诉讼权利，有助于促使侦查讯问程序由封闭走向开放并接受来自多方的监督。从侦查程序对抗性的角度而言，律师在场有利于规范侦查讯问行为，使侦查讯问活动更加法治化运行。律师在场相对于讯问录音录像制度，监督效果更好，毕竟律师在场带给侦查讯问人员的外在压力要比机器设备更真实，律师的监督能够起到倒逼侦查者提升讯问技巧、完善讯问提纲等作用。但随之而来的是由于侦查讯问活动透明度的增加，被追诉方的抗辩性提高，无疑会给侦查活动带来一定的阻碍。总体来讲，律师在场制度的构建可以强化侦查机关收集实物证据的意识，在一定程度

第四章　侦查讯问程序法治化发展

上弱化口供中心主义的危害。

随着认罪认罚从宽制度的大范围应用，值班律师已经参与到大部分刑事案件之中，这对于建构律师在场制度来说是一个绝佳的契机。与其另起炉灶，另外建立侦查阶段的讯问时律师在场制度，将侦查人员比较戒备的社会律师引入讯问现场，不如允许值班律师参与刑事讯问过程。由于值班律师在收入上具有"公派"属性，在讯问过程中不会基于立场原因阻碍警察办案，更多是扮演一个"程序监督者"的角色。就值班律师的讯问在场模式而言，远程在场（借由在线直播）和亲临现场都应当被允许。讯问在我国刑事侦查中动辄耗时数天甚至数月，受制于值班律师较高的经济成本，不可能要求值班律师于讯问时全程在场。较为现实的方案是，被讯问人应当有权于讯问开始前，或者讯问遇到关键抉择时，要求值班律师在场。警察应当在讯问开始前，告知被讯问人，其有权获得值班律师的帮助并要求讯问时律师在场。

2018年《刑事诉讼法》第36条增设了值班律师制度。其第2款规定："人民法院、人民检察院、看守所应当告知犯罪嫌疑人、被告人有权约见值班律师，并为犯罪嫌疑人、被告人约见值班律师提供便利。"从文义解释的方法出发，以上规定中的"有权约见值班律师"，完全可以解释为犯罪嫌疑人有权在遭受侦查讯问过程中约见值班律师。因为，既然约见值班律师是犯罪嫌疑人的权利，那么在什么时间约见值班律师也是犯罪嫌疑人的权利；既然《刑事诉讼法》本身没有对犯罪嫌疑人在什么时候有权约见值班律师作出限制，那么犯罪嫌疑人在遭受讯问时要求会见值班律师并要求值班律师在侦查人员讯问时在场提供法律咨询，其要求就属合法要求，执法人员没有任何理由拒绝。[1]那么，如果犯罪嫌疑人或者他的近亲属为他委托了辩护律师，是否也可以在侦查讯问的时候约见委托律师？当然可以。理由是，值班律师制度是为弥补辩护律师制度之不足而设置，它是在犯罪嫌疑人无力聘请律师的情况下，由法律援助机构指派律师在看守所或其他场所，临时性地为犯罪嫌疑人、被告人提供法律服务的人员。该制度从诞生之初就具有补充性，弥补犯罪嫌疑人、被告人没有辩护人的缺陷。从这个角度来看，如果犯罪嫌疑人、被告人可以在侦查讯问时约见值班律师，自然也就可以约见自己或其近亲属委托的辩护律师。

如果犯罪嫌疑人明确表示希望律师到场，则讯问应当立即停止，直到其律师到场后方可继续进行讯问。侦查机关有义务通知其律师到场。如果是采取强制措施后的第一次讯问，侦查机关就应当立即通知犯罪嫌疑人的律师到场。

---

[1] 易延友：《论侦查讯问中的律师在场权——一个解释学的论证》，载《浙江工商大学学报》2023年第4期。

第四章 侦查讯问程序法治化发展

从第二次讯问开始，侦查机关应当提前通知律师到场。第一次讯问之前，警察应在通知律师后至少等待 2 个小时；第一次讯问后，每次讯问均应提前通知；提前通知的时间，一般情况下宜定为 1 天；在紧急情况下临时需要讯问的，可以不受提前 1 天通知的限制。之所以要求提前 1 天，是为了方便辩护律师尤其是外地律师提前做好工作和日程安排；尤其是当受委托律师无法及时赶到讯问场所而需要协调其他律师到场以维护犯罪嫌疑人权利时，更需要有比较充足的时间。如果犯罪嫌疑人、被告人或者其家属自己委托了律师，则侦查机关在讯问之前，应当提前通知当事人及其家属委托的律师到场；如果犯罪嫌疑人委托的律师明确表示不能到场，应当允许其助理或者与其在同一个律师事务所执业的律师或者辩护律师委派的其他律师到场。如果辩护律师由于正当原因自己不能到场，也不能委托其他律师到场，则办案机关也可以通知值班律师到场，以顺利完成其预定的讯问计划，充分发挥值班律师制度的功能和作用。

完整的律师在场权应当是实质意义上的律师在场权。作为律师帮助权的律师在场权，其目的乃是帮助犯罪嫌疑人、被告人进行辩护；既然是帮助犯罪嫌疑人、被告人进行辩护，当然就包含在侦查讯问阶段采取合理的手段维护犯罪嫌疑人、被告人的合法权益，包括对讯问的回答有可能导致自我归罪时及时给出咨询意见等。但如果面对嫌疑人的求助却不能提供法律咨询，其所提供的帮助就是不完整的，就是有缺陷的，这将有悖于律师帮助权的初衷。讯问时辩护律师的介入在世界法治国家、国际刑事司法准则、国际条约文件中均有规定。综合域外的刑事司法制度考察，存在两种律师在场权的立法模式：一类是积极的律师在场权，即律师不仅有权出席侦查阶段的讯问，还可以在讯问过程中打断侦查人员随时发言，质疑讯问方式和手段的合法性，以及建议犯罪嫌疑人拒绝回答某些问题；另一类是消极的律师在场权，即律师虽然可以在讯问时在场，但只是处于观察者的地位，不能打断侦查人员的讯问，辩护律师只能在讯问后作出陈述或提交观察报告。鉴于我国的实际情况，现阶段可以探索引入消极的律师在场权。[1]积极的律师在场权不仅容易受到办案机关的强烈反对，甚至可能导致侦查讯问实际上被取消。因此，如果犯罪嫌疑人不主动寻求帮助，则律师主要表现为消极在场、监督讯问。

4. 讯问笔录记录

侦查阶段的讯问主要是侦查机关为查明案件事实真相，对犯罪嫌疑人进行的侦查手段之一，笔录在侦查讯问中可以起到固定证据的作用，制作讯问笔录直接影响到侦查阶

---

〔1〕 陈卫东：《〈刑事诉讼法〉第四次修改前瞻》，载《政法论坛》2024年第1期。

第四章 侦查讯问程序法治化发展

段的办案进度和固定证据的效果,讯问犯罪嫌疑人应当制作讯问笔录。笔录是案卷材料最基本的组成部分,是用文字形式对涉案人员有关犯罪动机、行为及其结果表述的记录。口供在我国刑事证据体系中占有特殊地位。受观念、传统、制度、体制等因素的影响,过去一段时间,公安司法机关带有一定的"口供情结",侦查、审查起诉和审判多是围绕口供而展开,并将口供作为定案处理的重要依据。而讯问笔录作为口供的基本载体,其重要性不言而喻。实践中,讯问笔录往往被侦查人员有意识或无意识地加工、处理过,是经过修饰后的"产品",并非讯问人员与犯罪嫌疑人所交谈内容的原始形态。表现形式主要有:①对犯罪嫌疑人的无罪辩解不予记录。侦查人员一旦凭借经验、有限的证据锁定某人有犯罪嫌疑,便更为关注有罪证据的收集,而忽视无罪或罪轻证据。就言词证据而言,部分侦查人员可能会不假思索地认为嫌疑人进行无罪辩解是在"狡辩",并且不予记录嫌疑人的无罪辩解,以避免影响有罪证据的印证体系。②伪造犯罪嫌疑人的供述内容。刑事审判中,经常会出现当辩护人在发问环节向被告人(包括同案被告人)核实讯问笔录的具体内容时,被告人表示"我没有说过这句话""我不知道笔录里为什么会有这些内容",或者在举证质证阶段,公诉人宣读被告人的讯问笔录后,被告人声称笔录中的部分内容不是自己所说,是侦查人员私自写上去的。这表明,少数侦查人员伪造嫌疑人的供述内容,在实践中可能存在。③将指供内容记载为犯罪嫌疑人的供述。指供,是指侦查人员按照自己的判断明示或暗示嫌疑人按其要求供述。指供包括直接指供以及通过诱供、引供方式进行的间接指供。直接指供是指侦查人员明确指令嫌疑人按照侦查人员所希望得到的供述来回答,有时极少数侦查人员甚至会径直要求嫌疑人在侦查人员事先已经作好的笔录上签字。间接指供是指侦查人员诱导、引导嫌疑人按照侦查人员的意图、根据侦查人员的提示做出供述。相较直接指供而言,间接指供在实践中相对更为常见。因此,应当严格规范和采信侦查讯问笔录。

尽管相对于讯问笔录,录音、录像既增强了记录的准确性又提高了讯问的效率;既能够保障犯罪嫌疑人的合法权益,同时对侦查人员也能够起到保护的作用,但讯问笔录具有其独立价值。这一方面是因为在法定证据形式中,口供的收集依然占据着重要地位,即使我国《刑事诉讼法》规定对待犯罪嫌疑人、被告人的供述和辩解,应遵循重证据以及调查研究,不轻信口供的原则,但口供在侦查办案实践中,由于其在证明犯罪动机、主观心态等方面,对于直接证明案件事实的证明力,具有其他证据形式所不具备的独立价值,因此往往仍然扮演着其他证据形式之源的角色,仍然不能忽视讯问这一侦查方式的重要性。《公安机关

第四章 侦查讯问程序法治化发展

执法细则》规定了讯问笔录的制作技巧与制作格式,讯问笔录当场制作原则,讯问笔录作制须经犯罪嫌疑人核实以及在场人员签字等规则。讯问笔录可以客观反映侦查人员的讯问过程,包括侦查人员在讯问中采用的讯问方法,也可以反映出侦查人员的讯问技巧、职业素质以及对案件事实相关证据的掌握程度等。记录工作的目的是将整个动态的活动过程转化为书面的语言文字载体,但这并不意味着一定要绝对完整的记录讯问者与被讯问者对话的一字一句,例如对话中的口头用语"这个""那个"等,这些与查明案件事实无关的口头表达可以不予记录,也就是说,对侦查讯问活动的记录也是需要取舍的,以达到提高讯问效率、实现讯问效果的目的。具体而言,对于讯问内容取舍的标准,可以考虑以下方面:首先是否与证明案件事实有关;其次,从笔录能否客观反映讯问活动的真实情况的角度,讯问笔录的制作在内容取舍上应当有助于对讯问笔录记录真实性的查明;最后,从讯问笔录所能反映的被讯问人主观心理活动的角度,其记录中的取舍应有利于反映被讯问人供述或辩解中的心理活动,例如可将犯罪嫌疑人被讯问时的动作、语言语气等转化为文字形式予以记录,对于此记录内容的客观性以及证明力,可以运用讯问录音、录像等视听资料证据予以补强。

此外,从提高讯问笔录记录的效率角度,一般可以采用归纳记录的方法,但这种归纳方法以必要性为前提。因为犯罪嫌疑人在侦查讯问过程中的回答内容,其对于证明案件事实的重要性程度不同,对于关键性口供,应当以原话记录为原则,但对于证明案件事实意义不大的口供内容,则可以归纳记录。此外在记录次序方面,可以先记录犯罪嫌疑人的回答内容,以免漏掉重要细节,之后再及时补充记录讯问人员的提问内容。在侦查讯问笔录的记录中对于讯问内容的文字表述方式可以采用简称表达法,以符合通用语言文字语法规范或者约定俗成的表达方式即可。在讯问笔录与讯问录音、录像之间的相互印证方面,应当对讯问录音、录像所记载固定下来的言词证据完整地在讯问笔录中得以展现。

5. 远程侦查讯问制度

随着科技手段融入刑事司法活动大趋势的发展,远程侦查讯问在节约刑事司法资源方面有很大发展空间。针对实践中远程侦查讯问遇到的问题,应当从法治化着手,不断规范远程侦查讯问活动,使远程侦查讯问真正发挥提高侦查效率、保障公正司法的价值功能。

细化远程侦查讯问规则。根据远程侦查讯问的特点,规范远程侦查讯问的启动条件、范围及程序转换。①明确远程侦查讯问的程序目的,即提高侦查效率,兼顾公正价值的实现。远程侦查讯问程序的启动要求侦查机关对案件复杂程度、侦破难度、司法成本等进行综合考量。②明确远程侦查讯问的适用范围。在司法实践中，移送看守所后，侦查人员为了突破犯罪嫌疑人口供，会在24小时内开展讯问。而远程侦查讯问对于首次获取犯罪嫌疑人供述的威慑力不够，因此远程侦查讯问不适用第一次讯问犯罪嫌疑人。将远程侦查讯问作为辅助性讯问方式，用以核实或辅助现场讯问获取的信息。远程侦查讯问可以在犯罪情节轻微的案件或者案件事实清楚，证据确实充分且犯罪嫌疑人主动如实供述等情形下适用。对于重罪案件、涉及未成年案件或者重大、疑难、复杂案件，以及犯罪嫌疑人拒不认罪等情形谨慎适用远程侦查讯问。③对远程讯问的申请、登记、适用进行规范，对申请适用远程讯问室的，应当登记造册以备监督。对远程讯问设备进行技术隔离，定期安全维护，避免程序被侵入。④赋予犯罪嫌疑人适用远程侦查讯问的程序选择权。如果犯罪嫌疑人拒绝远程讯问，应采取现场方式进行讯问。如果犯罪嫌疑人在远程讯问中认罪认罚，但是之后又反悔的，对犯罪嫌疑人再次讯问时则应采取线下讯问方式。⑤在《刑事诉讼法》中明确规定有犯罪嫌疑人电子签名、电子指纹捺印的远程视频讯问电子笔录，在刑事诉讼中可以作为证据使用。实践中，一些地方在远程视频讯问中采用电子签名、捺印，代替在纸质讯问笔录上的签字、捺印，解决了隔空签字确认难、捺印难等问题。

如果不赋予远程视频讯问电子笔录证据效力，远程视频讯问的功效将大打折扣，特别是需要以讯问笔录来证明案件事实，纸质笔录又无法取得时，将面临无证据可用的困难。基于成熟的信息技术和鉴定技术支撑，电子笔录能够实现长期保存，也能在笔录核对中对办案人员、犯罪嫌疑人的签字和捺印进行详细记录、鉴别。在事后鉴真方面，可以从文件检验、电子证据、视听资料等多个方向进行单个或者综合鉴别，确保电子笔录的真实可靠。在现有技术条件下，使用电子签名和电子指纹捺印技术形成的讯问电子笔录，在确保笔录不可复制、不可篡改的情况下，能够保障与犯罪嫌疑人供述和辩解具有同一性，具有与纸质讯问笔录相同的证明力，甚至比纸质讯问笔录更加客观真实。

改善和升级技术运用效果。在信号传输、画面质量、音频质量等方面进行升级和优化。同时，可以借助技术增强手段，如微表情识别、神态感知系统、心跳和血压测试系统、人机互动分析等技术，对犯罪嫌疑人的主观心理活动进行辅助分析，提高远程侦查讯问获得信息的可靠性。

构建远程侦查讯问律师在场制度。辩护律师在场权的实现是对犯罪嫌疑人权利的有力保障，应提供足够条件保障辩护律师的远程听讯和远程会见的权利。辩护律师远程在场权的实现还需要软件和硬件的保障，如场所的建设、设备的更新、网络的铺设等。但从目前的实际情况来看，

第四章　侦查讯问程序法治化发展

实现辩护律师在场权切实可行的方式是侦查人员采用远程讯问方式时，提前征求辩护律师意见，[1]辩护律师可以选择在侦查机关讯问场所或线上听取讯问犯罪嫌疑人。

借助技术手段加强检察监督。大数据技术的发展是检察监督的"助推器"，通过大数据监督系统可以对案件办理情况实现全程监督和全程留痕。中共中央《关于加强新时代检察机关法律监督工作的意见》要求，运用大数据、区块链等技术推进公安机关、检察机关、审判机关、司法行政机关等跨部门大数据协同办案。实践中，已形成政法共享协作平台，远程侦查讯问已实现讯问场景同步录音录像、电子笔录上传的功能，检察机关能够对远程侦查讯问活动提前介入，进行监督。同时通过大数据技术，可以实现对类案侦查讯问比对分析，总结共性问题，提高远程侦查讯问监督质效。加强远程侦查讯问检察监督，应加强共享协作平台建设，为提前介入引导侦查提供技术支撑。

综上所述，在以审判为中心的诉讼制度改革背景下，无论是认罪认罚从宽制度的构建过程中还是对赋予被追诉人的程序选择权的持续探索中，均体现了司法活动的人本法律观，以平衡惩罚犯罪与保障人权二元价值的关系。纵观直接涉及对被追诉人基本权利进行处置的刑事诉讼程序，

---

[1] 詹建红：《刑事案件律师辩护全覆盖的实现模式》，载《中国刑事法杂志》2022年第4期。

侦查讯问阶段对人权保障的关注程度可以体现一国的法治发展水平，从现行法律规范文件的要求以及司法实践活动来看，对犯罪嫌疑人、被告人实体权利以及程序性权利的保护取得了比较大的进展，并且随着司法体制改革的推进，通过非法证据排除规则的细化，对侦查人员的权力行使方式进行一定约束，同时根据案件情况，赋予犯罪嫌疑人、被告人一定的程序选择权，有利于人权保障的深化以及司法资源的合理配置。然而，历史经验表明，改革的过程往往以螺旋式上升的形式呈现，司法体制改革涉及不同利益主体之间、不同法律制度之间的协调与配套关系，并非仅仅通过某一制度的小修小补即可实现，就侦查讯问程序的完善而言，实践中存在对侦羁分离的探讨、有效辩护的实现、权力行使的边界、监督制约机制的构建等一系列问题，需要在相关机制完善方面给予更多的关注。